August Schleicher

Die Unterscheidung von Nomen und Verbum in der

lautlichen Form

August Schleicher

Die Unterscheidung von Nomen und Verbum in der lautlichen Form

ISBN/EAN: 9783743648043

Hergestellt in Europa, USA, Kanada, Australien, Japan

Cover: Foto ©Thomas Meinert / pixelio.de

Weitere Bücher finden Sie auf **www.hansebooks.com**

DIE UNTERSCHEIDUNG

VON

NOMEN UND VERBUM

IN DER LAUTLICHEN FORM.

VON

AUG. SCHLEICHER.

Des IV. Bandes der Abhandlungen der philologisch-historischen Classe der Königl. Sächsischen Gesellschaft der Wissenschaften

N° V.

LEIPZIG
BEI S. HIRZEL.
1865.

DIE UNTERSCHEIDUNG VON
NOMEN UND VERBUM
IN DER LAUTLICHEN FORM.

VON

AUG. SCHLEICHER.

VORWORT.

Eine untersuchung über die unterscheidung von nomen und verbum in der lautlichen form wäre erst dann einiger mafsen ab geschlofsen, die frage, welche sprachen unterscheiden die genanten redeteile mer oder minder durch die lautliche gestaltung des wortes, wäre erst dann beantwortet, wenn sämtliche bis jetzt zugänglich gewordene sprachen auf den unterschid von verbum und nomen betrachtet worden wären. Teils felen mir hierzu die hilfsmittel, teils bin ich durch andere arbeiten, zu denen ich mich verpflichtet habe, ab gehalten, mich fernerhin mit disem gegenstande zu beschäftigen. So möge es mir denn verstattet sein, die vor ligende abhandlung, an der ich ab und zu seit mereren jaren gearbeitet habe, in unvollendeter gestalt zu veröffentlichen. Villeicht ist sie auch so nicht one alles interesse und eine völlige erschepfung des materials ist ja auf disem gebiete onehin eine sache der unmöglichkeit. Ist der von mir ein genommene standpunct der betrachtung ein solcher, der für die erkentnis des wesens der sprache ersprieſslich ist, so werden sich hoffentlich andere finden, welche die groſsen von mir gelaſsenen lücken aufs fullen.

Die im folgenden als quellen benuzten werke verdanke ich zum groſsen teile der güte gelerter freunde und gönner, vor allem den Herren Akademikern Böhtlingk, Kunik, Schiefner in St. Petersburg, ferner

Herrn H. C. von der Gabelentz auf Poschwitz bei Altenburg, Herrn G. E. Eurén in Åbo, Herrn B. H. Hodgson, früher British Minister at the Court of Nepal in Darjeeling, jezt in Glostershire, Herrn W. Bleek in Capstadt u. a. Inen allen herzlichsten dank für die förderung meiner studien.

Die umschreibung fremder sprachen gab ich teils nach meiner art, teils nach der der benuzten quellen. Auch die bekanteren alphabete glaubte ich mit umschreibung versehen zu müfsen, um dise untersuchung auch solchen zugänglich zu machen, die nicht glottiker von fach sind.

Jena, im september 1864.

Aug. Schleicher.

Die folgende untersuchung soll nach weisen, dafs von einer anzal in betracht genommener sprachen die trennung von nomen und verbum in der lautlichen form nur im Indogermanischen volkommen durch gefürt ist, dafs folglich, wenn der vom Indogermanischen her genommene begriff von nomen und verbum fest gehalten wird, die unterscheidung diser beiden wortarten nichts algemeines, der sprache als solcher zu kommendes, sondern vilmer eine besonderheit einzelner sprachen, warscheinlich sogar eine dem Indogermanischen aufsschliefslich zu stehende eigentümlichkeit ist.

Wir werden in der folgenden darstellung zunächst nur die lautform, die durch den laut zur erscheinung kommende gestaltung des wortes ins auge fafsen.

Ehe ich mich zum gegenstande selbst wende, mag jedoch eine frage erörtert werden, die, in unserem sinne beantwortet, die folgende untersuchnug für das wesen der sprache ungleich bedeutsamer erscheinen läfst, als im entgegen gesetzten falle. Es fragt sich nämlich, ob die lautliche form, ob die morphologische beschaffenheit für das innere wesen der sprache, für die function mafs gebend ist oder nicht, ob man von der lautlichen form einen sichern schlufs auf die beziehungsfunctionen der sprache zu ziehen berechtigt sei oder nicht; genauer, ob da, wo verbum und nomen nicht in lautlich gesonderter weise existieren, dise unterscheidung auch in der function fele, also überhaupt nicht vorhanden sei, oder ob wir ein recht haben, auch in solchen sprachen, die nomen und verbum lautlich nicht unterscheiden, dennoch das vorhandensein dises gegensatzes an zu nemen. Mit andern worten: dekt sich function und laut, inhalt und form in der sprache, oder gibt es functionen one lautlichen ausdruck, inhalt one erscheinung des selben in der form? Existieren im sprachgefüle des redenden grammatische kategorien, die der selbe lautlich nicht bezeichnet?

Nach meiner überzeugung ist difs nicht der fall. Der sprachlaut, die lautliche form der sprache ist der körper, die erscheinung der function, des inhaltes der sprache. Beide kommen nicht von einander getrent vor, sie sind stäts und untrenbar verbunden. Sie sind identisch, wenn auch natürlich nicht einerlei. Wir haben kein recht, functionen da voraufs zu setzen, wo keine lautform ir vorhandensein an zeigt. Auch in der sprache läuft nicht der geist, die function, unabhängig von seinem leibe, dem laute, sondern er ist nur in und durch lezteren wirklich vorhanden. Unsere anschauung vom wesen der sprache ist keine dualistische, sondern eine monistische und nur dise können wir für berechtigt halten.

Wäre die lautform unabhängig von der function, so müste man folgerichtiger weise für alle sprachen eine und die selbe functionelle gestaltung an nemen, one ruksicht darauf, ob eine sprache dise functionen sämtlich lautlich aufs drukt, oder die selben nur unvolkommen durch den laut bezeichnet, oder sie samt und sonders im laute unangedeutet läfst. Sämtliche sprachen wären sich dann functionell wesentlich gleich; alle sprachen hätten z. b. nomina und verba, erstere in allen casus und zalen, leztere in allen tempus, modus, zalen, personen, nur im laute und in der form unterschiden sie sich. Um zu finden, was denn eigentlich die functionelle gestaltung der sprache bilde, welche beziehungen die sprache zu enthalten habe, hätte man zwei wege. Entweder müste man aufs den lautlich aufs gedrukten functionen aller sprachen jenes sprachideal zusammen stellen — an sich schon eine bare unmöglichkeit, da sich die sprachen in diser beziehung nicht so verhalten, dafs man die in inen aufs gedrukten beziehungsfunctionen summieren kann, sondern vilmer oft so, dafs die art und weise der einen sprache die der andern aufs schliefst —, wobei man sich sogleich in den widerspruch verwickelt, dafs man doch widerum nur die lautlich aufs gedrükten functionen in rechnung zu bringen vermag, weil man nur von disen etwas wifsen kann. Da ja aber nach der voraufssetzung der laut nicht für die function mafs gebend sein soll, so könten ja möglicher weise functionen existieren, die zufällig in keiner bekanten sprache lautlich erscheinen. Oder man muste dise innere, vom laute unabhängige sprache rein a priori, one alle ruksicht auf das in den gegebenen sprachen wirklich vor ligende, construiren; ein unternemen, defsen unaufsfürbarkeit leicht ein zu sehen ist und das in einer beobachtungswifsenschaft, wie difs die sprachwifsenschaft ist, völlig unstatthaft und methodewidrig wäre. Man müste z. b. eine bestimte anzal von casus, numerus, genus, personen, modus, tempus u s. f. als mit dem begriffe der sprache notwendig gesezt statuieren und behaupten, der sprechende füle dise sämtlich, nur drücke sie die und die sprache nur teilweise oder gar nicht lautlich aufs. Da nun manche sprachen im aufsdrucke mancher beziehungen, z. b. der personalunterschide, der casus, ganz besonders reich sind, so käme man gleich hierbei in verlegenheit, indem man sich die frage zu beantworten hätte: ist diser reichtum der sprache wesentlich oder nicht. Im ersteren falle entspräche dann villeicht nur eine einzige sprache der erde dem urbilde im zweiten wäre man in die bedenkliche lage versezt, zu entscheiden, wie vil die und die sprache des guten zu vil tue. Kurz, wie man sich auch wenden mag, so wie man die innere sprache von der lautsprache trent, komt man auf widersprüche und unlösbare schwirigkeiten.

Was ein einer uns fremden sprache an gehöriges individuum beim sprechen fült, können wir dann gar nicht wifsen, wenn die lautform der sprache uns nicht als mafsstab für das sprachgeful selbst dienen kann.

Es läfst sich aber, so bedünkt mich, auf dem wege der beobachtung gerade zu nach weisen, dafs die functionelle gestaltung der sprache, die innere form der selben bei verschidenen sprachen verschiden ist und zwar, dafs dise verschidenheit völlig der durch die laute und formen aufs gedrukten verschidenheit entspricht.

Wenn z. b. der genusunterschid unter die einer sprache zu kommenden grammatischen kategorien zu rechnen ist, so müste also jeder redende mensch ein geful für den genusunterschid besitzen, also auch diejenigen völker, deren sprachen disen unterschid nicht aufs drücken, z. b. Chinesen, Tataren, Finnen. Dafs difs nicht der fall ist, wird jeder bemerken, der z. b. einen Chinesen sich ab mühen hört, eine unserer das genus unterscheidenden sprachen, z. b. französisch, zu sprechen. Doch wir brauchen uns nicht auf fremde völkerstämme zu berufen, wir können mit unserem eigenen sprachgefüle versuche an stellen. Unser slawischer nachbar sondert in einigen formen das masculinum in ein belebtes und ein unbelebtes. Die berechtigung solcher unterscheidung wird man schwerlich in abrede stellen können, ist sie doch im wesen der dinge volkommen begründet. Ist dem also, ist die scheidung von belebt und unbelebt der sprache als solcher zu kommend, so müsten wir Deutsche beim sprechen disen wol berechtigten unterschid doch eben so gut fülen als der Slawe, wenn wir dem selben auch keinen hörbaren ausdruck verleihen. Ist difs auch wirklich der fall? Nein, sondern wir fülen bei worten wie 'der balken, der baum, der hund, der son' u. s. f. nur ein und das selbe grammatische genus. Auch fragt es sich, um beim genus stehen zu bleiben, welche genusunterschide der sprache als solcher zu kommen, ob etwa die zufällig uns geläufige sonderung von mascul., femininum und neutrum, oder die des Namaqua in masculinum, femininum und commune, oder etwa nur die in masculinum und femininum, oder eine sonderung des belebten oder unbelebten, oder etwa die zalreicheren genusunterschide des Thusch oder der südafrikanischen Bántu-sprachen? Wo ist hier mafs und richtschnur zu finden, um aufs der fülle des in den sprachen vor ligenden und des nach disen analogien denkbaren das herauf zu sondern, was zum wesen der sprache gehört? Wolte man aufs allen in den sprachen wirklich vorhandenen genusunterschiden ein compliciertes system der genusunterschide entwerfen als das im innern wesen der sprache begründete, so würde man auf die schwirigkeit stofsen, dafs verschidene genusarten verschidener sprachen sich nicht mit einander voreinigen lafsen. Ein und der selbe begriff, eine und die selbe anschauung geht ferner in verschidenen sprachen ser oft unter verschidenem grammatischen genus. Was hier beispilsweise vom genus gesagt ward, gilt aber von allen andern grammatischen beziehungen nicht minder. Ich will nur noch an einem beispile die sache zur anschauung bringen. Wir Deutsche haben in unserer sprache nur eine einzige form fürs praeteritum, der Grieche hat deren drei, imperfectum, aorist, perfectum; eine scheidung, die doch gewis wol berechtigt ist und die der griechischen sprache wesentlich zur zierde gereicht. Lebte nun in uns Deutschen die selbe sonderung des praeteritum in imperfectum, aorist, perfectum und käme sie bei uns nur zufällig nicht zur lautlichen erscheinung, so könten wir uns z. b. beim übersetzen aufs dem deutschen ins griechische, wo nun die lautlichen formen für die in uns als lebendig vorauf gesezte dreifache auffafsung des praeteritum vor ligen, niemals im gebrauche der tempusformen irren. Dafs lezteres aber tatsächlich der fall ist, bedarf keines nachweises. Bei disem lezteren beispile könte man noch darauf hin weisen, dafs in unserem sprachgefüle der unterschid jener drei beziehungen der vergangenheit noch lebendiger sein dürfte, da in der urzeit die formen des imperfects, des aorists und des perfects allen indogermanischen sprachen gemeinsam zu kamen und noch im älteren deutsch durch den gegensatz der verba perfecta und imperfecta etwas jenem im griechischen erhaltenen unterschide änliches aufs gedrukt werden konte. Trotz alle dem ist aber in unserer jetzigen sprache nur ein praeteritum vorhanden, bei dem wir nichts anderes fülen, als eben ein praeteritum.

Gerade so, wie es uns Deutschen mit einigen grammatischen beziehungsunterschiden geht, nämlich dafs wir sie nicht empfinden, weil uns in unserer sprache die formen dafür mangeln, geht es anderen sprachen mit anderen beziehungen. Den sprachen können mer oder minder zalreiche beziehungen ab gehen und eine gradweise abstufung fürt in den sprachen bis zum felen aller beziehung. Wie es uns mit dem belebten masculinum und mit dem aorist, imperfectum und perfectum ergeht, gerade so ergeht es dem Semiten mit dem genus neutrum, vilen völkern mit dem genus überhaupt und noch andern mit allen und jeden beziehungen. Sie haben sie nicht und drücken sie daher auch nicht aufs. Mit dem selben rechte, mit welchem ich dem Neu-Caledonier das gefül grammatischer beziehungen zu schreibe, obgleich sie in seiner sprache keinen aufsdruck finden, könte ich dem tiere, der pflanze sogar einen höchst volkommenen geist zu schreiben und behaupten, dise organismen könten die in inen so gut als in uns menschen statt findenden inneren vorgänge nur nicht, wie wir, an den tag legen. Kurz, so wie man sich bei gehen läfst, ein inneres leben, sei es auf sprachlichem gebiete oder auf irgend welchem andern, an zu nemen, das nicht in die erscheinung tritt, verliert man den boden unter den fufsen und an die stelle objectiv methodischer forschung auf solider beobachtungsgrundlage tritt die subjective ansicht und die phantasie.

Wir halten demnach an der uberzeugung fest, dafs nichts im sprechenden vor geht, was nicht lautlich aufs gedrukt wird; dafs der laut ein volgiltiger und zwar der einzige zeuge für die function ist und dafs also eine sprache nur die functionen besizt, welche sie lautlich bezeichnet. Wir nemen also nicht eine und die selbe innere sprachform für alle sprachen an, sondern schreiben jeder sprache nur die innere, functionelle gestaltung zu, die sie zum lautlichen aufsdrucke bringt. Wir finden demnach auch in der function eine ser grofse fülle von verschidenheiten, eben so wie im laute, in der form, im sazbaue der sprachen. Also halten wir uns für berechtigt zu behaupten, dafs sprachen, welche z. b. das genus nicht lautlich bezeichnen, den genusunterschid überhaupt nicht besitzen, dafs solche, welche nur z. b. masculinum und femininum im laute unterscheiden, in der tat ein neutrum gar nicht haben und dafs im gefüle dessen, der zahreichere genusunterschide in seiner sprache aufs drukt, dise unterschide auch lebendig sind. Sprachen, welche nomina und verba lautlich nicht scheiden, besitzen also den unterschid von nomen und verbum überhaupt nicht. Anstatt beider haben sie eine grammatische kategorie, die sich in höher entwickelten sprachen, so im Indogermanischen, nicht findet. In diser ist das noch ungeschiden vorhanden, was im Indogermanischen sich zu zwei gesonderten kategorien entwickelt hat.

Änliche vorgänge zeigt uns die welt der naturorganismen und an inen können wir uns das wesen solcher erscheinungen villeicht anschaulicher machen, als in der welt der sprachen. Es sei deshalb gestattet, an einen solchen vorgang aufs dem tierreiche zu erinnern. Die höheren tiere haben respirationsorgane und verdauungsorgane. Es gibt aber tiere so niderer entwickelung, dafs ein und das selbe organ beiden functionen dienen mufs. Hier haben wir also weder ein respirationsorgan, noch ein verdauungsorgan, sondern etwas drittes, das keins von beiden ist, weil es beides zugleich ist. Wir haben hier aber auch weder einen respirationsprocess noch einen verdauungsprocess der art, wie bei denjenigen tieren, die für jede diser physiologischen functionen aufsschliefslich bestimte organe besitzen. Gerade so verhält es sich mit nomen und verbum in den sprachen.

Wenn ich in der überschrift diser abhandlung die an zu stellende betrachtung der sprachen aufsdruklich auf ire lautliche form beschränkt habe, so geschah difs hauptsächlich deshalb, weil ich nicht darauf ein gehen will, die function solcher bildungen, die weder dem nomen, noch dem verbum im indogermanischen sinne entsprechen, begriflich näher zu entwickeln und zu bestimmen. Das hier einleitungsweise aufs geführte solte nur dazu dienen, für die lautform eine hohe bedeutsamkeit für das wesen der sprache überhaupt in anspruch zu nemen und somit von unserer untersuchung den vorwurf ferne zu halten, als beschäftige sie sich nur mit einer mer oder minder bedeutungslosen aufsenseite der sprache.

Einen einwurf gegen den satz, dafs nichts in der function vorhanden ist, was nicht auch im laute erscheint, könte man von der beobachtung her nemen, dafs lautlich gleiche bedeutungslaute (wurzeln) nicht selten ganz verschidene bedeutungen haben. Bekantlich ist difs in aufs gedentester weise im Chinesischen der fall, doch bieten auch andere sprachen, auch das Indogermanische, dergleichen fälle. So haben wir im Indogermanischen wurz. *pa* tueri und wurz. *pa* bibere, wurz. *i* ire und wurz. *i* pronomen demonstrativum, wurz. *ta* extendere und wurz. *ta* pronomen demonstrativum und anderes der art. Von dergleichen gleich lautenden wurzeln ist jedoch eine scheinbar verwante erscheinung bei den beziehungslauten sorgfältig zu unterscheiden. Wenn z. b. die stambildungssuffixa -*as*, -*ti*, -*tu* im Indogermanischen so wol nomina actionis als nomina agentis bilden, so beruht dise erscheinung nur darauf, dafs zur zeit, da dise formen entstunden, die function der selben eine noch nicht näher bestimte, eine algemeinere war, die beides in sich vereinigte. Das factum läfst sich aber keines falles in abrede stellen, dafs ein und die selbe lautverbindung als wurzel verschidene bedeutungen in sich vereinigen kann, die sich nicht auf eine gemeinsame grundbedeutung zurück füren lafsen. Es ist jedoch eine ganz andere sache, ob z. b. die lautverbindung *pa* zugleich 'trinken' und 'beschützen' bedeutet, oder ob man an nimt, dafs eine function, die lautlich gar nicht aufs gedrukt wird, im geiste des redenden dennoch vorhanden sei. Darüber, dafs das eine mal *pa* 'trinken', das andere mal 'beschützen, beherschen' bedeute, darüber läfst die lebendige, gesprochene sprache nicht im zweifel. Die bedeutungsfunction ist ja auch hier stäts aufs gedrukt, wenn auch, wie es scheint, rein zufällig beide male auf ein und die selbe weise. Wir reden hier aber davon, ob es beziehungsfunctionen gebe, die lautlich gar nicht zur erscheinung kommen und dafür legen verschidene wurzeln gleicher laute kein zeugnis ab.

Wenden wir uns nun zum gegenstande selbst.

Vor allem ist es nötig, die begriffe verbalform und nominalform scharf zu fafsen. Wir können hierbei lediglich vom Indogermanischen aufs gehen, einmal weil uns hier eine tiefer gehende erkentnis der sprachformen zu gebote steht und diser erkentnis zugleich das lebendige sprachgeful zur seite geht, sodann weil, wie sich bald zeigen wird, von den hier betrachteten sprachen nur im Indogermanischeu verbalformen und nominalformen wirklich durch greifend geschiden sind.*)

Indogermanisch.

Im Indogermanischen sind die worte nomina, welche ein casussuffix haben, die worte sind verba, welche ein personalsuffix haben. Es versteht sich, dafs der sachverhalt ganz der selbe wäre, wenn die casus- und personal-elemente nicht gerade als suffixa erschinen; die stellung tut ja nichts zur sache. Dafs in späteren perioden des sprachlebens in den indogermanischen sprachen ser häufig casussuffixa und personalendungen geschwunden sind, dafs solcher abfall in manchen fällen schon frühe ein getreten ist (z. b. urspr. *bhará-mi*, altind. *bhárá-mi*, althaktr. *bará-mi* und darneben auch *bará*, griech. φέρω für *φέρω-μι*, lat. *fero* für *feró-mi*)**), möglicher weise in vereinzelten formen sogar bereits in der lezten periode der einen, allen übrigen zu grunde ligenden indogermanischen ursprache (z. b. *bhara* villeicht für *bhara-dhi*, vgl. altind. *bhára*, althaktr. *bara*, griech. φέρε, lat. *fer*, got. *bair*; aber bei anderen praesensstammaufslauten ist das alte -*dhi* als personalsuffix erhalten, z. b. urspr. *as-dhi*, altind. *é-dhi*, griech. ἴς-θι; urspr. *akṛá* nom. sing., villeicht für *akvá-s*, vgl. altind. *ájvá*, lat. *equa* u. s. f., sämtlich one das -*s* des nominativs), hebt die an die spitze gestelte definition nicht auf; dise secundären veränderungen können hier natürlich gar nicht in betracht kommen. Will man die oben fürs Indo-

---

*) Nicht scharf und deutlich genug hat den unterschid von nomen und verbum im Indogermanischen erfafst Max Müller, classification of Turanian languages § 2; § 4—7, wo er über disen unterschid spricht und neben vilem troffendem und belerendem auch manches nach unserer ansicht verfelte gibt. Ich kann jedoch auf eine besprechung des einzelnen und auf eine widerlegung dessen, was ich für unrichtig halte, hier nicht ein gehen. Manches ergibt sich aufs unserer folgenden darstellung, so z. b. dafs wir Max Müller nicht bei pflichten können, wenn er vermutet, dafs ursprünglich im Indogermanischen das verbum durch verdoppelung des anfangsbuchstaben, im Semitischen aber durch verdoppelung des endbuchstaben und hinzufügung des dritten lautes überhaupt vom nomen geschiden worden sei. Dise form der reduplication ist überhaupt später, das älteste war offenbar die widerholung der ganzen wurzel; auch ligt der unterschid von verbum und nomen nicht in den stambildungselementen, sondern in den zu den stämmen hinzu tretenden wortbildungselementen.

**) Mit * bezeichnen wir erschlofsene, nicht aufs den sprachen selbst belegbare formen.

germanische in seiner urform gegebene definition von nomen und verbum für die wirklich vor ligenden sprachen dises stammes passend machen, so hat man zu sagen: nomina sind im Indogermanischen die worte, welche ein casussuffix haben oder hatten; verba sind die worte, welche eine personalendung haben oder hatten. Mit aufsschlufs der echten interjectionen, die aufserhalb der sprache stehen und als lautgebärden zu betrachten sind, und der vocative, welche nominalstämme sind, die die form von interjectionen an genommen haben, geht die indogermanische sprache in nomen und verbum one rest auf. Alle indogermanischen worte sind oder waren doch ursprünglich entweder nomina oder verba. Adverbia und die als meist verkürzte adverbia zu fafsenden praepositionen, conjunctionen und partikeln überhaupt sind ursprünglich meist casusformen, vil seltner verbalformen, wie difs nunmer wol als algemein bekant und anerkant an genommen werden darf.

Ein wortstamm ist im Indogermanischen als solcher kein lebendiges sazglid, wie das wort (nomen oder verbum), sondern ein wifsenschaftliches praeparat (z. b. *bhara*, *tanu* u. s. f.); auf dafs er sazglid, wort werde, bedarf er eines casussuffixes (z. b. nom. sg. *bhara-s*, *tanu-s*, acc. sg. *bhara-m*, *tanu-m*) oder einer personalendung (z. b. III. sg. *bhara-ti*, *tanau-ti*; I. plur. *tanu-masi*), wodurch er im ersteren falle zum nomen, im zweiten zum verbum wird. In den stämmen ligt der unterschid von verbum und nomen nicht. In allen sprachen also, in welchen nakte stämme zugleich als worte erscheinen können, ist eine tief gehende verschidenheit vom Indogermanischen nicht zu verkennen.

Der unterschid von nomen und verbum ist demnach im Indogermanischen volkommen deutlich und durch geführt. Die oben gegebene definition von nomen und verbum halten wir fürs folgende fest.

Ehe wir uns zu den andern sprachen wenden, wollen wir uns noch in übersichtlicher kürze die art und weise der declination (nominalbildung) und conjugation (verbalbildung) des Indogermanischen und zwar die erreichbar älteste form der nomina und verba vergegenwärtigen.*) Wegen der schwirigkeiten, welche in den meisten casus und

---

*) Eine kurze darstellung der indogermanischen conjugations- und declinationsformen glaubte ich um so weniger hinweg lafsen zu dürfen, als die vor ligende ab-

personen einer sicheren ermittelung der ältesten dualformen entgegen treten, müfsen wir disen numerus im folgenden merfach lückenhaft lafsen.

I. ein a-stamm, *bhara* (wurz. *bhar* ferre, stambildungssuffix *a*).

als nomen als verbum (indicat. praesentis activi)

Singular.

	mascul. neutrum	femininum	
nomin.	*bhara-s*; neutr. felt.	*bhará-s*	I. pers. *bhará-mi*
accus.	*bhara-m*	*bhará-m*	II. pers. *bhara-si*
ablativ.	*bhará-t*	*bhará-t*	III. pers. *bhara-ti*
genitiv.	*bhara-sja*	*bhará-s*	Nominativ und accusativ der entsprechenden pronomina:
locativ.	*bhara-i*	*bhara-i*	
dativ.	*bhara-ai*	*bhara-ai*	I. pers. *agam* (vill. *agham*), *ma-m*
instrum. I.	*bhara-á*	*bhara-á*	II. pers. *tu-am* (vill. *tu*), *tva-m*
instrum. II.	*bhara-bhi*	*bhará-bhi*	III. pers. *ta-s*, fem. *tá-s*; *ta-m*, fem. *tá-m*

Dual.

nom. acc.	*bhará-(s)ds**	*bhara-i?*	I. pers. *bhará-vasi*
gen. loc.	?	?	Die übrigen personen, so wie die entsprechenden prominalformen des persönl. pronomens können in irer ältesten form nicht ermittelt werden.
dat. abl. instr.	*bhara-bhjáms*	*bhará-bhjáms*	

Plural.

nom.	*bhará-sa s* neutr. felt.	*bhará-sa-s*	I. pers. *bhará-masi*
acc.	*bhara-m-s* neutr. *bhará*	*bhará-m-s*	II. pers. *bhara-tasi*
			III. pers. *bhara-nti*
genit.	*bhara-sám-s* vill. *bharám(-s)*	*bhará-sám-s* *bharám-(s)*	Entsprechende pronomina: I. villeicht vom stamme *ma-sma* od. *a-sma*
locat.	*bhara-sva(-s)*	*bhará-sva(-s)*	II. vill. von *tra-sma* od. *ju-sma*
dat. abl.	*bhara-bhjam-s*	*bhará-bhjam-s*	III. nom. msc. *ta-i*, fem. *tá-sas*; acc. msc. *ta-ms*, ntr. *tá*, fem. *tá-ms*.
instr.	*bhara-bhi-s*	*bhará-bhi-s*	

---

handlung nicht nur für den glottiker von fach, sondern auch für anthropologen und philosophen einiges interesse haben dürfte. Bei disen können wir aber keine kentnis diser dinge vorausetzen und das verweisen auf andere bücher ist stäts unbequem für den leser und erschwert namentlich dem die sache, dem die an gefürten werke nicht zur hand sind. — Genaueres über das indogermanische verbum und nomen kann man in meinem compendium finden.

*) Mutmaſslich ser früh aufs- oder ob gefallene laute sind in klammern gesezt.

II. ein u-stamm, *tanu* (wurz. *ta* extendere, suff. *nu*).

als nomen (masc. fem.)		als verbum (indic. praes. activi)
	Singular.	
nom.	*tanu-s*	I. pers. *tanau-mi*
acc.	*tanu-m*	II. pers. *tanau-si*
ablat.	*tanav-at*	III. pers. *tanau-ti*
genit.	*tanav-as*	
local.	*tanav-i*	Den dualis wollen wir der
dat.	*tanav-ai*	kürze wegen hier übergehen.
instr. I.	*tanu-á*	
instr. II.	*tanu-bhi*	
	Plural.	
nom.	*tanu-sa-s* od.	I. *tanu-masi*
	tanar-as	II. *tanu-tasi*
acc.	*tanu-m-s*	III. *tanu-anti*
u. s. w.		

Der plural der nomina wird also durch ein an das casussuffix tretendes *s* gebildet, wärend im plural des verbums aller warscheinlichkeit nach gehäufte personalendungen (I. pers. -*ma-si* = ich und du, II. pers. -*ta-si* = du und du, III. pers. *an-ti* = er und er — *an* von einem andern pronominalstamme der III. person —) vor ligen.

III. ein consonantischer stamm, *vak*, als nominalstamm *vák* (die steigerung von *a* zu *á* ist aber nicht für die nominalbildung wesentlich; wurz *vak* loqui).

als nomen		als verbum
vák (femin.)		*vak* (indic. praes. activi)
	Singular.	
nom.	*vák-s*	I. pers. *vak-mi*
acc.	*vák-am*	II. pers. *vak-si*
abl.	*vák-at*	III. pers. *vak-ti*
gen.	*vák-as*	u. s. f.
u. s. f.		

Aufser den personalendungen des activs hat das Indogermanische noch die des mediums, die, wie es scheint, durch verdoppelung gebildet sind. Z. b.

I. pers. sing. *bhará-ma-mi* = φέρομα(μ)ι (ich trage mir od. mich)
II. pers. sing. *bhara-sa-si* = *φέρεσα(σ)ι (du trägst dir od. dich)
III. pers. sing. *bhara-ta-ti* = φέρετα(τ)ι (er trägt sich)
III. pers. plur. *bhara-nta-nti* = φέροντα(ντ)ι. (sie tragen sich)

An gewisse tempus- und modusstämme treten ab gekürzte formen der personalendungen, z. b. optativstamm praesentis *bhara-i*:

Activum   Medium

Singular.
I. *bharai-m*   *bharai-ma(m)*
II. *bharai-s*   *bharai-sa(s)*
III. *bharai-t*   *bharai-ta(t)*

Dual.
I. *bharai-vas*   *bharai-vadha*
II. III. ?

Plural.
I. *bharai-mas*   *bharai-madha*
II. *bharai-tas*   *bharai-sdhva?*
III. *bharai-nt*   *bharai-nta(nt)*.

Auch der imperativ hat personalendungen, wenn auch in der II. sing., die villeicht die einzige uralte imperativform ist, in einer von den übrigen modus ab weichenden form; II. sing. imperativi activi *bhara- -(dhi)*, *tanu-dhi*, *vak-dhi*. Das perfectum und die übrigen praeteritalformen unterscheiden sich in iren personalendungen nicht wesentlich von den andern verbalstämmen, z. b. perfectstamm *vivid* (wurz. *vid* videre):

Activum   Medium

Singular.
I. *vivdid-(m)a*   *vivid-ma(s)i*
II. *vivdid-ta*   *vivid-ta(s)i*
III. *vivdid-(t)a*   *vivid-ta(t)i*

Dual.
I. *vivid-vasi*   *vivid-vadhai*
II. III. ?

Plural.
I. *vivid-masi*   *vivid-madhai*
II. *vivid-tasi*   *vivid-sdhvai?*
III. *vivid-anti*   *vivid-antai*.

Mag im vor stehenden auch manches zweifelhafte oder von mir geradezu nicht richtig erschlofsene mit unter gelaufen sein, so ist es doch gegenüber der anzal der völlig sicher erschliefsbaren formen one belang.

Namentlich hebe ich als wichtig hervor 1) die völlige verschidenheit in der pluralbildung bei den nominibus und verbis; 2) den umstand, dafs auch die zweite person des imperativs ein personalsuffix zeigt; 3) die völlige abweichung der am verbum als personalbezeichnung auf tretenden pronominalen elemente von den formen der selbständigen pronomina; 4) die wesentliche übereinstimmung der personbezeichnung bei allen verbalstämmen; 5) die abwesenheit von possessiven pronominalsuffixen; 6) den umstand, dafs auch der nominativus singularis und pluralis ein casuszeichen hat; 7) endlich wolle man nicht übersehen, dafs bereits in der indogermanischen ursprache sich ein wirkliches verbum substantivum entwickelt hatte, dafs es eine verbalwurzel gab, welche schon in der vorzeit unseres stammes bis zur function, die bedeutung des reinen seins aufs zu drücken, gelangt war, die wurzel *as*. Den sichersten beweis hierfür lifern die bereits für die ursprache nachweisbaren mit diser wurzel zusammen gesezten tempora (das futurum und der zusammen gesezte aorist z. b. *dâsjâmi* aufs *da-as-jâmi*, δώσω; *a-dik-sa-m*, ἔδειξα.

Wie steht es nun mit der unterscheidung von nomen und verbum in andern hinlänglich zugänglichen sprachen?

Da wir vom Indogermanischen, der volkommensten unter den bekanten (und sicherlich auch unter den noch nicht bekanten) sprachen aufs gehen, so werden wir natürlicher weise zunächst diejenigen sprachen unter dem angegebenen gesichtspuncte mit im zusammen halten, welche mit dem Indogermanischen am meisten morphologische änlichkeit haben. Zunächst werden wir also das Semitische vor nemen, weil dises allein mit dem Indogermanischen die wurzelform R^s (d. h. zum zwecke des beziehungsausdruckes regelmäfsig steigerbare wurzel) teilt. Sodann mögen die sprachen der form Rs (d. h. unveränderliche wurzel mit suffixen) folgen (das indogermanische wort hat durchweg die form R_s^s). Zwischen beide haben wir das Koptische ein geschalten, weil dises in manchem wenigstens an die flexion (R^s) erinnert. Nach den sprachen der form Rs lafsen wir andere zusammenfügende sprachen folgen, so gut es gehen will eine motivierte reihenfolge ein haltend, bis wir zulezt bei den einfachsten sprachorganismen, den so genanten isolierenden sprachen (die nur wurzeln als worte haben, sprachen der formen R, R+r u. s. f.) an langen.*)

Dise sprachen werden wir also darauf an sehen, ob in inen, in änlicher weise wie im Indogermanischen, verbum und nomen zu einem durch greifenden gegensatze in irer lautlichen gestaltung gelangt sind, d. h. ob sich waro verba und ware nomina in inen volkommen entwickelt haben.

Semitisch.**)

In ermangelung der semitischen ursprache, welche schwiriger zu erschliefsen ist als die den indogermanischen sprachen zu grunde ligende urform, substituieren wir der selben das Arabische, über dessen bedeutung wir mit Olshausen (Lehrbuch der hebräischen Sprache, Braunschweig 1861, § 2. b; § 5. a und sonst) und Wright (a Grammar of the Arabic language, translated from the German of Caspari, Leipzig 1859, vorrede s. X) überein stimmen. Wir gehen hierbei von der überzeugung aufs, dafs der so begangene feler so unbedeutend ist, dafs er aufser ansatz gelafsen werden kann und dafs der vorteil, mit wirklich vor ligenden sprachformen zu arbeiten, den nachteil einer geringeren altertümlichkeit und ursprünglichkeit der selben auf wigt.

Aufs der übereinstimmung der semitischen sprachen ergibt sich mit völliger sicherheit, dafs in der semitischen grundsprache bereits die dreilautigkeit die regelmäfsige form der semitischen wurzel war. Wir stehen nicht an, sogar die dreisilbigkeit als volle form der semitischen wurzel in anspruch zu nemen. Dafs dise form, nach der alle factisch vor ligenden semitischen wurzeln gebildet sind, nicht von allem anfange

---

*) Über die oben gebrauchten morphologischen formeln vgl. mein compend. der vergleichenden gramm. der Indogermanischen sprachen I, Weimar 1861, s. 2. Für W (wurzel) setze ich jezt aber R (radix) in übereinstimmung mit p (praefixum), i (infixum), s (suffixum); r bezeichnet eine einer andern wurzel bei gesezte hilfswurzel.

**) Um dem vorwurfe der anmaßlichkeit zu begegnen, den ich mir etwa dadurch zu ziehen könte, dafs ich es wage im folgenden eingehender über das Semitische zu handeln ono semitist von fach zu sein, erlaube ich mir die mitteilung, dafs ich dem studium der semitischen sprachen länger als ein decennium hindurch eifrig ob gelegen habe; zuerst auf dem Koburger gymnasium unter leitung meines vererten lerers Forberg, sodann in Leipzig bei Fleischer, in Tübingen bei Ewald und in Bonn bei Gildemeister.

an vorhanden war, sondern erst im verlaufe der zeit, warscheinlich durch überhandname einer analogie, geworden sei — dise wol zimlich algemein giltige ansicht für nicht treffend zu halten, komt mir natürlich nicht in den sinn. Man wolle jedoch nicht aufs den augen lafsen, dafs die entstehung diser bestimten wurzelform des semitischen wortes in die uralte periode des werdens der semitischen grundsprache selbst fällt. Daher die schwirigkeit mit sicherer methode über die dreisilbigkeit hinaufs die form semitischer wurzeln zu erschliefsen, die dreisilbigkeit in eine noch ältere form zurück zu übersetzen. In semitischen wortformen wie كَتَبَ *kataba*, كَاتِبٌ *kátibun* u. s. f. sehen wir also keine suffixa (-*a*, -*un*), sondern nur die voll vocalisierte wurzel; denn auch den nasalierten vocal im aufslaute von nominalformen möchten wir nicht als ein suffix -*n* enthaltend betrachten (freilich fallen dabei die pluralendungen zu bedenken). Difs beiläufig und one weitere begründung, da es nicht unmittelbar die uns hier beschäftigende frage berürt, wol aber im folgenden vorauſs gesezt wird (vgl. Semitisch und Indogermanisch in den Beiträgen zur vergleich. sprachforschung u. s. f. herausgegeben von A. Kuhn und A. Schleicher, bd. II, Berlin 1861, s. 236 flg.).

Das perfectum im Semitischen zeigt in seinen dritten personen formen, die keine personalbezeichnung haben, sondern in irer form mit nominalbildungen zusammen fallen. Diser erscheinung werden wir noch ser oft begegnen. Sie tritt überall da ein, wo das verbum kein verbum im indogermanischen sinne, sondern, so zu sagen, eine nominalform ist. Dann braucht die dritte person, als selbstverständlich, keine weitere bezeichnung und nur ein hinweis auf die andern personen ist nötig. Das selbe finden wir im Indogermanischen, wenn auch hier nomina zum aufsdrucke verbaler verhältnisse an gewant werden (z. b. altind. *dátá'-smi* für **dátárs asmi* daturus sum., *dátá'-si* für **dátárs asi* daturus es, aber *dátá'* für **dátárs* daturus one weitere bezeichnung der person; änliches in andern sprachen unseres stammes). Dafs aber die dritten personen des semitischen verbum wirklich von nominalformen völlig ungeschiden sind, ligt auf der hand. Die III. sg. masc. كَتَبَ *kataba* (scripsit) ist die blofse wurzel. Die form steht, wie mich bedünkt, in der verkürzten form des so genanten accusativs, der im Arabischen beim verbum in so vilfacher beziehung gebraucht wird (vgl. Ewald. arab.

grammatik, II. bd., das capitel de objecto et accusativo). Bei كَتَبَ *kataba* ist das verbum selbst, d. h. das verbum 'esse', gar nicht vorhanden, nur der vom begriffe des seins bedingte accusativ wird aufs gedrukt. Der accusativ steht nämlich im Arabischen zur bezeichnung des praedicats beim verbum كَانَ *kána* (fuit) und änlichen. Die hier von uns angenommene aufsdruksweise one كَانَ oder ein änliches wort ist bekantlich im Arabischen bei der negation erhalten, z. b. ist das häufige لَا بُدَّ *lá budda* nullum effugium scil. est od. fuit hierher gehörig. In كَتَبَ *kataba* ligt uns nichts anderes als der positiv zu einem لَا كَتَبَ *lá kataba* vor. Dafs meistens dise formen der III. sg. perfecti nur in diser function, nicht aber aufserdem als nomina vor kommen, kann der auffafsung irer syntactischen geltung nichts in den weg legen. Im Hebräischen ist bei disen formen das aufs lautende *a* geschwunden, wie der aufslaut bei den nominibus überhaupt. Ein hebräisches קָטֹן, *qáton* ist parvus und parvus fuit; כָּבֵד *kábéd* gravis und gravis fuit, so dafs hier deutlich nomen und verbum nicht unterschiden ist.

Was von der III. sg. msc. des perfects gilt, das gilt auch von der III. sing. feminini, z. b. كَتَبَتْ *katabat*, hebr. כָּתְבָה *kátbáh*, einer deutlichen nominalform, wie difs auch algemein an erkant ist. Wir vermuten für die semitische grundsprache die form *katabata,*) dem masculinum *kataba* in der endung entsprechend (also, um mich arabisch aufs zu drucken, auch difs *كَتَبَتَ *katabata* ist der positiv zu einem *لَا كَتَبَتَ *lá katabata*; der nominativ würde *كَتَبَتُ *katabatun* lauten). Im Arabischen ist das *-*ata* der semitischen ursprache zu -*at*, im Hebräischen vor suffixen zu -*at*, one suffixe fast durchweg zu -*áh* verkürzt; aufsnamsweise (s. die anm.) ist im Hebräischen ein archaisches -*atáh* erhalten.

Die dualformen der III. pers., masc. كَتَبَا *katabá*, feminin كَتَبْنَا *ka-*

---

*) Solte etwa das seltene hebräische -*atáh* ein villeicht nach analogie des gewönlichen הָ- -*áh* des feminins um gestalteter rest diser grundform sein? Das selbe gilt natürlich auch von den formen der verba ה״ל auf תָּה-, in pausa auf תָּה-. Dise formen pflegt man in der regel als entstanden durch 'unorganisches' anhängen der feminineendong הָ- an die ältere feminineendung ת- zu fafsen. Dafs es mit diser erklärung nicht zum besten steht, ligt auf der hand. Nach unserer auffafsung ist also von disem *at-áh at* die bezeichnung des feminins, *áh* aber die accusativendung, die auch aufserdem im Hebräischen in diser weise sich erhalten hat.

tabatá sind identisch mit den nominalformen im status constructus des nominativs, d. h. verkürzungen von *كَتَبَانْ *katabáni*, *كَتَبَتَانْ *katabatáni*. Auch sie weisen also, gerade so wie der singular, auf die nominalformen nom. sg. كَتَبٌ *katabun*, fem. كَتَبَةٌ *katabatun* hin.

Eben so steht die III. plur. masculini كَتَبُوا *katabú*, hebr. כָּתְבוּ *kátbú* für *كَتَبُونْ *katabúna*, wie das seltene hebräische יִדעוּן *ún* und die entsprechenden formen des imperfects dar tun. Wir haben also auch hier eine deutliche nominalform vor uns. Das femininum كَتَبْنَ *katabna* hat zwar keine entsprechende nominalform zur seite, dafs es aber eine solche ist, zeigt wol schon der parallelismus mit dem masculinum *katabúna.

Das endergebnis einer betrachtung der dritten personen des perfectum im Semitischen ist also unbestreitbar das, dafs in disen personen keine verbalformen, sondern mit nominalformen wesentlich gleich lautende und disen gleichartige formen vor ligen. Schon jezt können wir also die behauptung auf stellen, dafs sich im Semitischen nomen und verbum nicht in der durch greifenden art scheide, wie im Indogermanischen. Folgte das Indogermanische der semitischen weise, so müste z. b. ein mascul. *bhara-m* femin. *bhara-m* so vil bedeuten als *bhara-ti*; ein plur. *bhara-tas* so vil als *bhara-nti* u. s. f.

Doch sehen wir weiter zu. Was von den dritten personen gilt, das hat höchst warscheinlich auch von den andern personen zu gelten; denn eine sprache wird wol schwerlich für die ersten und zweiten personen eine echte conjugation, ware verba, besitzen, für die dritten aber nicht. Nur wollen wir im voraufs uns erinnern, dafs ein hinweis auf pers. I. und II. auch solchen formen nicht leicht felen kann, die irer natur nach nicht verbal sind. Betrachten wir zunächst die zweiten personen des perfects.

II. singul. masc. كَتَبْتَ *katabta*, hebr. כָּתַבְתָּ *kátabtá* gilt uns als eine zusammenrückung und verkürzung von *كَتَبَ أَنْتَ *kataba anta*, hebr. *כָּתַב אַתָּה *kátab attáh*; neben das an sich nicht auf eine bestimte person bezügliche كَتَبَ *kataba*, כָּתַב *kátab*, das one weiteren zusatz zunächst von der dritten person verstanden wird, trat ursprünglich das pronomen der zweiten person singul. mascul., um auf dise person jenes *kataba* zu beziehen. Ins Indogermanische übersezt würden dise formen *bhara-m tu zu lauten haben, eine aufsdruksweise, die von bhara-si völlig und gründlich verschiden ist. Das selbe gilt von allen zweiten personen des perfects.

II. sing. feminini كَتَبْتِ *kalabti*, hebr. כָּתַבְתְּ *kátabt* aufs *أَنْتِ كَتَبَ *katabata anti*.

II. dualis كَتَبْتُمَا *katabtumá* aufs *أَنْتُمَا كَتَبَا *katabá antumá*.

II. plur. masculini كَتَبْتُمْ *katabtum* aufs *أَنْتُمْ كَتَبُونَ *katabúna antum*, hebr. כְּתַבְתֶּם *ktablem* aufs *אַתֶּם בְּתַבוּן, aller etwa *katabúna antem.

II. plur. feminini كَتَبْتُنَّ *katabtunna* aufs der in irer grundform schwer erschliefsbaren, im Arabischen كَتَبْنَ *katabna* lautenden form mit أَنْتُنَّ *antunna*, der II. plur. feminini des personalpronomens; auch im Hebräischen כְּתַבְתֶּן *ktablen* ist das entsprechende pronomen אַתֶּן *atten* unverkennbar.

Nicht also, wie im Indogermanischen, die wurzeln der pronomina treten mit den verbalstämmen zu einem waren worte zusammen, sondern das fertige pronomen tritt an ein fertiges wort an. Deutlich sicht man, dafs sich für alle dise formen eine analogie gebildet hat. Überall ist vom pronomen nur der lezte teil gebliben, wärend die zu grunde ligenden verschidenen formen des nominalstammes sich mit verlust ires aufslautes in eine am ende vocallose form vereinfacht haben.

Die erste person singularis كَتَبْتُ *katabtu*, hebr. כָּתַבְתִּי *kátabti* zeigt ein anderes pronomen, als das als selbständiges wort gebrauchte arab. أَنا *and*, hebr. אֲנִי *ánt*, אָנֹכִי *ánokt*. Dise form weifs ich also nicht zu erklären; denn -ti aufs -ki entstehen zu lafsen, geht gegen meine lautgesezliche überzeugung. Villeicht hat die analogie der zweiten personen gewirkt, villeicht ligt im verbum ein sonst verlorenes pronomen vor.

Die I. plur. كَتَبْنَا *katabná*, hebr. כָּתַבְנוּ *kátabnú* enthält jedoch in irem aufslaute deutlich den rest von نَحْنُ *nakhnu*, hebr. אֲנַחְנוּ *ánachnú*, נַחְנוּ *nachnú*, אָנוּ *ánú*. Von der vor dem an geschmolzenen pronomen stebenden form gilt das selbe, was bei den II. personen bemerkt ward.

Dunkler in irem ursprunge sind die bildungen der zweiten form des semitischen verbum, des imperfectum. Hätte Rud. von Raumer (gesammelte sprachwifsenschaftliche Schriften, Frankf. u. Erlangen 1863, s. 470 flgg.) recht mit der vermutung, dafs hier das perfectum der 'sein' bedeutenden wurzel vor eine nominalform getreten sei (z. b. hebr. יִכְתֹּב *jiktob* aufs הָיָה כֹתֵב *hájá ktob* u. s. f.), so wären dise formen hier gar nicht weiter zu behandeln, da wir das perfectum bereits besprochen haben. Allein, so ansprechend die Raumersche hypothese auch ist, so stelt sich der selben doch ein gewichtiges bedenken in den weg. Das semitische imperfectum ist nach v. Raumer eine durch secundäre processe, durch vorgänge, wie sie erst im späteren sprachleben ein zu treten pflegen, entstandene form. Auf der andern seite ist das imperfectum allen semitischen sprachen gemeinsam, seine entstehung fällt also in die zeit der bildung und entwickelung der semitischen ur- und grundsprache. Für dise urzeit, für dise noch jugendliche lebensperiode der sprache dürfen wir aber nicht spracherscheinungen voraufs setzen, wie sie nur in senilen sprachindividuen ein zu treten pflegen.

Mag aber auch wirklich dem semitischen imperfectum ein personalaufsdruck praefigiert sein, so macht ein solcher an sich noch nicht notwendiger weise ein verbum; auch im Namaqua kann die person am nomen bezeichnet werden, one dafs dises dadurch zum verbum wird. Die nominale natur des semitischen imperfectum tritt aber unverkennbar klar und deutlich zu tage. Der kürze wegen lafse ich im folgenden das Hebräische bei seite, das one hin neben dem durch erhaltung der vocalischen aufslaute altertümlicheren Arabischen zur erklärung und erkentnis der formen nichts bei zu tragen vermag.

Man vergleiche:

Imperfectum.	Nomen (Nominativ).
	Singular.
III. msc. يَكْتُبُ *jaktubu*	جَالِسٌ *gálisun* (sedens) in vilen fällen
III. fem. تَكْتُبُ *taktubu*	aber auch جَالِسُ *gálisu* one -n; vgl.
II. msc. تَكْتُبُ *taktubu*	auch formen wie أَسْوَدُ *asvadu* (niger) die -n nie haben.
	Dual.
III. msc. يَكْتُبَانِ *jaktubáni*	جَالِسَانِ *gálisáni*, أَسْوَدَانِ *asvadáni*
III. fem. تَكْتُبَانِ *taktubáni*	
II. msc. تَكْتُبَانِ *taktubáni*	

Plural.

III. msc. يَكْتُبُونَ *jaktubúna*   جَالِسُونَ *ğálisúna*
II. msc. تَكْتُبُونَ *taktubúna*.

In disen formen ligt also die volkommenste übereinstimmung der so genanten verbal- und nominalformen klar zu tage.

Die III. plur. fem. يَكْتُبْنَ *jaktubna* und die II. plur. fem. تَكْتُبْنَ *taktubna* sind gebildet wie die III. plur. feminini des perfects تَبْنَ *katabna*. Die endung der II. sing. fem. تَكْتُبِينَ *taktubína* ist dunkel. Die I. sing. أَكْتُبُ *aktubu* und I. plur. نَكْتُبُ *naktubu* zeigen nichts, was nicht einer nominalform gemäfs wäre.

Dazu komt, dafs das imperfectum überhaupt declinierbar ist. Es kann in den accusativ gesezt werden, z. b. يَكْتُبَ *jaktuba* accus. zu يَكْتُبُ wie أَسْوَدَ *aswada* accus. zu أَسْوَدُ. Die nominale art des imperfectum ist auch keineswegs von den arabischen grammatikern verkant worden (vgl. z. b. Ewald, arab. gramm. § 209; Wright § 95).

Auch der syntactische gebrauch des imperfects in verbindungen wie كَانَ يَكْتُبُ *kána jaktubu* scribebat, wörtlich etwa fuit scribens, ist wol nicht zu übersehen.

Nach dem bisherigen kann also nicht in zweifel gezogen werden, dafs im Semitischen das nomen vom verbum nicht wesentlich verschiden ist. Wir können mit zuversicht behaupten, dafs das wesen des so genanten verbum im Semitischen von dem des indogermanischen verbums völlig ab weicht und dafs es im Semitischen, trotz seiner flexivischen natur, zu einer durchgreifenden unterscheidung von verbum und nomen nicht gekommen ist.

Koptisch.

Das Koptische beut dem verständnisse seiner grammatischen form besondere schwirigkeiten deshalb, weil man über die gränzen des wortes nicht sicher ist. Würden wir der Schwartzeschen art die worte zu trennen (vgl. Schwartze, koptische grammatik, herausgegeben von Steinthal, Berlin 1850) folgen, so wäre unsere untersuchung ser leicht und einfach, denn dann bestünde in dieser sprache zwischen nomen und verbum gar kein unterschid. Der sicherheit des ergebnisses wegen wollen wir jedoch eine nähere zusammengehörigkeit der beziehungselemente mit den bedeutungselementen im Koptischen voraufs setzen (vgl. zur Morphologie der Sprache in den Mémoires de l'Académie Impériale des Sciences de St. Petersb., VII° série, Tome I, Nro. 7. St. Petersburg 1859, s. 21 flg.). Was zunächst das nomen betrift, so hat es eine vom Indogermanischen völlig verschidene form. Es hat nämlich keine declination. Die casus werden mittels praepositionen aufs gedrükt. Nun könte man dise elemente als mit dem nomen ein wort bildend, als casuspraefixe auf fafsen, die in irer nomenbildenden function natürlich eben so berechtigt wären, als die casussuffixe des Indogermanischen. Diser auffafsung tritt aber der umstand in den weg, dafs eine praeposition anf merere durch 'und' verbundene nomina wirken kann, z. b. Genes. XII, 7 (Uhlemann, linguae copticae grammatica, Lips. 1853, pg. 52) ⲛⲁⲕ ⲛⲉⲙ ⲡⲉⲕⲥⲣⲟϫ nak nem pek-ǵroǵ tibi et semini tuo; ⲛⲁ na 'versus, ad' bezeichnet den dativ; ⲕ k ist suffix der II. person sing. masculin.; ⲛⲉⲙ nem atque, etiam; ⲡⲉ pe ab geschwächtes demonstrativum, fungiert als artikel des singularis mascul.; ⲥⲣⲟϫ ǵroǵ semen. Hier wirkt also ⲛⲁ na auch auf ⲡⲉⲕⲥⲣⲟϫ pekǵroǵ und' macht es zum dativ. Luc. XII, 56 (Schwartze, koptische gramm. syntax § 51, s. 486) ⲡⲅⲟ ⲛ ⲧϥⲉ ⲛⲉⲙ ⲡⲓ ⲕⲁϩⲓ p-ho en t-ǵe nem pi kahi facies caeli et terrae; ⲡ p artic. sing. masc.; ⲅⲟ ho facies; ⲛ en, vor labialen und ⲃ ch em, bezeichnet irgend einen casus, der nicht nominativ ist, hier den genitiv; ⲧ t articul. sing. fem.; ϥⲉ ϥⲉ coelum; ⲛⲉⲙ nem atque, etiam; ⲡⲓ pi articul. sing. masc.; ⲕⲁϩⲓ kahi terra. Hier wirkt also ⲛ en auch auf ⲡⲓⲕⲁϩⲓ pi-kahi. Dergleichen fälle sind natürlich häufig. Sie beweisen, dafs wir es nicht mit casuspraefixen, die mit dem wortstamme zur einheit des wortes verwachsen sind, sondern mit praepositionen, mit getrenten worten zu tun haben; d. h. es gibt im Koptischen keine declination wie im Indogermanischen, also auch keine nomina der art, wie wir sie dort fanden. Solche beispile, wie die oben an geführten, würden im Indogermanischen etwa lauten z. b. *akra ka vigha s* anstatt *akras ka rághas* equus et currus (an genommen dafs *ka* also gebraucht und gestelt werden könte; in wirklichkeit wäre *okvas rághas ka* für die indogermanische ursprache in ansatz zu bringen).

In der regel hat das nomen einen artikel, einen bestimten oder einen unbestimten, vor sich und ist hierdurch in fast allen fällen als solches kentlich. In der vor ligenden sprache ist der artikel entschiden als an das nomen an geschmolzen zu betrachten, da er oft nur aufs einem einzigen consonanten besteht, der unter dem lautgesezlichen einflufse des anlautes des nomens steht; z. b. ⲡⲟⲩⲣⲟ *p-uro* masc. ὁ βασιλεύς; ⲧⲏⲡⲓ *t-ḗpi* fem. ὁ ἀριθμός; ϥⲟⲩⲏⲃ φ·ουϊρ ὁ ἱερεύς; ⲑⲃⲁⲕⲓ *th-vaki* fem. ἡ πόλις. Der unbestimte artikel ist auch hier das verkürzte zalwort eins.

In gewissen fällen steht jedoch der artikel nicht, und dann fält jeder formelle unterschid zwischen nomen und verbum hinweg. Ein nomen one artikel unterscheidet sich in nichts von einem verbum one personalbezeichnung, wie solches im imperativ vor zu kommen pflegt, z. b. ⲥⲱⲧⲉⲙ *sótem* audi, audite und auditus, obedientia. Da im Indogermanischen auch der imperativ eine verbalform ist, welche ursprünglich stäts eine personalendung hatte, die in gewissen fällen ja auch bis in spätere lebensperioden der sprache verblib, so haben wir schon hier einen beweis dafür, dafs im Koptischen nomen und verbum nicht so durchgreifend gesondert sind, als im Indogermanischen.

Ein fernerer beweis für die selbe warnemung ist der umstand, dafs das demonstrativpronomen, d. h. der stamm des selben (one casuselement, denn dergleichen gibt es ja im Koptischen nicht, wie wir oben sahen) zugleich als verbum substantivum fungiert; z. b. ⲡⲉ *pe* = ὁ und ἐστί mascul.; ⲧⲉ *te* = ἡ und ἐστί femin.; ⲛⲉ *ne* = οἱ, αἱ und εἰσί msc. femin. Eben so mit der negation; ⲁⲛ ⲡⲉ *an pe* non est masc.; ⲁⲛ ⲧⲉ *an te* non est femin.; ⲁⲛ ⲛⲉ *an ne* non sunt masc. u. fem. (Ublemann, linguae copticae grammatica § 42, pg. 37). Z. b. ⲁⲛⲟⲕ ⲡⲉ ⲡⲓ ⲕⲟⲩϫⲓ *anok pe pi kugi* ἐγώ ὁ μικρός ich bin der kleine. Indogermanisch ist difs unmöglich, weil in diser sprache ein stamm nicht zugleich nomen und verbum sein kann. Änlicher weise findet sich der mangel eines verbum substantivum in zalreichen sprachen, in denen sich kein eigentliches verbum entwickelt hat, oder, genauer gesagt, in denen es nicht zum gegensatz von nomen und verbum gekommen ist. Wir werden auf disen punct noch mermals gefürt werden.

Gewisse nomina, die so genanten pronominalsubstantiva und die pronomina haben den artikel nicht und hängen die possessivsuffixa an iren aufslaut. Warschcinlich haben wir in disen fällen reste einer älteren sprachgestaltung vor uns. Dise nomina fallen in der form völlig mit den verben zusammen, welche die personalunfsdrücke an iren aufslaut hängen; auch dise stammen warscheinlich aufs einer früheren sprachperiode. Diser so genanten verba sind es freilich ebenfals nur wenige, aber zu inen gehören die wichtigen stamme, welche als tempus- und modusaufsdrücke vor andern verbalstämmen, welche leztere unverändert bleiben, ire stelle haben. Die personalsuffixa sind bei allen disen stammen die selben, sowol bei denen, die man als verba betrachtet, als bei denen, die als nomina und pronomina gelten, z. b.

ⲣⲱ-ϥ, ⲣⲱ-ⲥ *ró-f, ró-s* στόμα αὐτοῦ, στόμα αὐτῆς.
ⲛ̀ⲧⲟ-ϥ, ⲛ̀ⲧⲟ-ⲥ *ento-f, ento-s* ille, illa.
ⲛ̀ⲧⲁ-ϥ, ⲛ̀ⲧⲁ-ⲥ *enta-f, enta-s* eius msc., eius femin.
ⲉ-ϥ, ⲉ-ⲥ *e-f, e-s* est msc., est femin.
ⲡⲉⲭⲁ-ϥ, ⲡⲉⲭⲁ-ⲥ *peʒa-f, peʒa-s* dixit msc., dixit femin.

u. s. f.

Hier fält also nomen und verbum volkommen in der form zusammen und es ist nicht zu entscheiden, ob die stämme, welche vor den personalsuffixen stehen, nominale oder verbale stämme sind.

So tritt ser häufig ein stamm ⲁ ⲁ auf, dem man die bedeutung 'esse' (Schwartze § 144), 'habere, esse' (Uhlemann, § 30) gibt, und in der tat findet sich diser stamm in diser function z. b. ⲁ-ⲛ *a-n* 'sunt' (Peyron lexic. copt. s. v. ⲁ); auch Schwartze fürt ⲁ-ⲕ *a-k*, ⲁ-ϥ *a-f*, ⲁ-ⲥ *a-s* in der function 'es, est msc., est femin.' an. Dises ⲁ *a* ist aber möglicher weise auch ein pronomen, wie difs auch Schwartze aufs spricht (§ 149). Wie mit disem ⲁ ⲁ, so verhält es sich aber mit mereren änlichen elementen, z. b. ⲉ ⲉ in ⲉ-ϥ *e-f* est mascul., ⲉ-ⲥ *e-s* est femin. (Uhlemann § 29) u. s. f. Uhlemann (§ 16) betrachtet ⲉ ⲉ als verbalwurzel mit der function 'esse', Schwartze dagegen (§ 146) fafst es als relativ und übersezt z. b. ⲉϥ *ef* mit 'welcher er = ὤν', ⲉⲥ *es* mit 'welcher sie = οὖσα'. Ferner ⲛ̀ ⲉⲛ quod (Uhlemann § 31, pg. 30), aber mit suffixen z. b. ⲛ̀-ϯ *en-ti* sim, ⲛ̀-ϥ *en-f* sit masc., ⲛ̀-ⲥ *en-s* sit femin. a. s. f.

Sind nun ⲁ ⲁ, ⲉ ⲉ, ⲛ̀ ⲉⲛ verba oder nomina? Warscheinlich wol sowol das eine als das andere oder vilmer richtiger keines von beiden, sondern verbum und nomen sind in den an geführten fällen eben noch nicht geschiden und ein und dieselbe form kann als verbum sowol als als nomen (unserer sprachen) gelten.

Dise elemento dienen nun andern stämmen (so genanten verbis) zum beziehungsaufsdrucke. Z. b. ⲛ̀-ϯ-ⲧⲱⲙ *en-ti-tóm*, wörtlich etwa 'quod ego claudere', d. i. ut claudam; ⲁ-ϥ-ⲙⲉϣⲧ *a-f-mešt* migravit u. a. Eben so gebildet ist aber auch ⲁ-ϥ-ⲑⲱⲛ *a-f-ϑón* ubi est masc., ⲁ-ⲥ-ⲑⲱⲛ *a-s-ϑón* ubi est femin. zu ⲑⲱⲛ *ϑón* ubi; ferner zeigen den gleichen bau die nomina mit artikel und possessivsuffixen, z. b. ⲡⲉϥ-ⲣⲁⲛ *pe-f-ran*, wörtlich etwa 'der-sein-name' nomen eius u. s. f. Lauter bildungen, in denen kein unterschid zwischen verbum und nomen zu bemerken ist.

Ferner zeigt sich die mangelnde worteinheit, der nicht feste zusammenschlufs der pronominalen personbezeichnung mit dem verbalstamme, also der vom Indogermanischen völlig verschidene character des Koptischen darin, dafs das concrete substantiv anstatt des pronominalen personalaufsdruckes beim so genanten verbum ein treten kann. Z. b. ⲡⲉϫⲁϥ *pegs-f* dixit, wörtlich etwa 'dicere eius', aber ⲡⲉϫⲉ ⲁⲃⲣⲁⲁⲙ *pege avraam* dixit Abraham (Genes. XXII, 5), wörtlich etwa 'dicere Abr.'. Im Indogermanischen würde sich das so aufs nemen, z. b. im Lateinischen: dixi- Abraham für dixi-t; ⲁϥⲙⲉϣⲧ *a-f-mešt* migravit (über ⲁϥ *a-f* s. o. ⲙⲉϣⲧ *mešt* migrare, peragrare), aber ⲁ̀ ⲁⲃⲣⲁⲙ ⲙⲉϣⲧ *a avram mešt* (Genes. XII, 6) migravit Abraham, wo für das pronomen ϥ *f* in *a-f-mešt* das substantivum ein getreten ist.*) Ware ein solches verfaren im Indogermanischen möglich, so könte man z. b. neben indogerm. *ai-ti* (altind. *é-ti*, lat. *i-t*, älter *ei-t* er geht) sagen *ai varkas* (it lupus), lateinisch *i lupus* anstatt *ai-ti varkas*, lat. *it lupus*. Das substantivum ersezt im Koptischen die personalbezeichnung. Die formen, welche man im Koptischen verba nent, sind difs nicht im indogermanischen sinne, denn auch der personalaufsdruck ist disen so genanten koptischen verben nicht absolut wesentlich (man erinnere sich der oben bei gebrachten fälle wie ⲡⲉ *pe* est msc., ⲧⲉ *te* est femin. u. s. f.).

Die häufige praesensbildung mit vor gesezetem pronomen — indem dises zugleich die function 'sein' involviert — z. b. ϯ-ⲧⲱⲙ *ti-tôm* claudo, ϥ-ⲧⲱⲙ *f-tôm* claudit msc., ⲥ-ⲧⲱⲙ *s-tôm* claudit femin. u. s. f., stimt in morphologischer beziehung zu der verbindung des nomens mit dem artikel, z. b. ϯ-ⲕⲱⲥ *ti-kós* sepultura, ϯ-ⲕⲱⲥ *ti-kós* sepelio, ⲡⲓ-ⲧⲱⲙ *pi-tôm* 'der verschlufs, der zaun' u. s. f. Nur dadurch unterscheiden sich dise beiden bildungen, dafs bei den so genanten verbis ein persönliches pronomen, bei den nominibus ein demonstrativer pronominalstamm vor dem wortstamme steht.

---

*) Übrigens kann man im Koptischen auch das substantivum mit der so genanten nominativpartikel dem vollen verbalaufsdrucke bei fügen, z. b. ⲁϥϭⲓ ⲛ̀ϫⲉ ⲁⲃⲣⲁⲙ *af-ḱi enǰe avram* cepit Abraham (über ⲁϥ *a-f* ist bereits gehandelt; ϭⲓ *ḱi* capere, accipere; ⲛ̀ϫⲉ *enǰe* nominativpartikel).

Das schlufsergebnis unserer betrachtung des Koptischen kann demnach kein anderes sein, als die überzeugung, dafs eine scheidung von nomen und verbum im Koptischen nicht statt findet.

Magyarisch.

Im Magyarischen, wie auch in andern dem selben verwanten oder in der form mit im überein stimmenden sprachen, ist verbum und nomen meist, nach dem ersten blicke auf die formen zu urteilen, deutlich geschiden. Untersucht man jedoch die formen genauer, so finden sich zalreiche belege dafür, dafs auch hier dise scheidung keine durch greifende ist, wie im Indogermanischen, so dafs wir auch im Magyarischen mit der vom Indogermanischen her genommenen definition von nomen und verbum nicht durch kommen. Vilmer gibt es im Magyarischen und in sämtlichen gleich gebauten sprachen zalreiche fälle, in denen nomen und verbum in der form völlig zusammen fallen, d. h. die scheidung von nomen und verbum ist auch hier nicht volzogen.

Am deutlichsten scheint sich wirklich verbale natur zu zeigen in denjenigen verbalformen, welche aufser dem subject auch das object an deuten. Dise formen, welche sich vereinzelt nicht selten in den sprachen finden, im Baskischen und in zalreichen sprachen der neuen welt aber bekantlich in besonders aufs gedentem mafse entwickelt sind, pflegt man einverleibende zu nennen. Im Magyarischen gehört hierher die so genante bestimte conjugation, z. b. *vár-já-tok* ir erwartet es, in, sie (*vár*, wurzel, mit der bedeutung warten, erwarten; *-já-* bezeichnet das object; *-tok* ist das suffix der II. pers. pluralis); *kér-l-ek* ich bitte dich (*kér*, wurzel, bitten; *-l-* drükt die beziehung auf die II. person aufs; *-ek* bezeichnet die I. person als subject).*) Und dennoch zeigt sich sowol in den amerikanischen Indianersprachen als auch im Magyarischen selbst, dafs dise einverleibenden formen nicht eigentliche verba im indogermanischen sinne sind. Die suffixa, welche das subject des verbums bezeichnen, kommen hier vor allem in betracht und von disen werden wir sehen, dafs sie sich nicht wesentlich von den pos-

---

*) Das medium des Indogermanischen ist ebenfals eine solche einverleibende form. Ein urspr. *bhara-ta-ti* = φέρετα(ι)ς unterscheidet sich nur dadurch vom activum *bhara-ti* = φέρε(ι)ς, dafs nach dem verbalstamme die pronominalwurzel *ta*, um das object zu bezeichnen, ein gefügt ist.

sessivsuffixen am nomen unterscheiden (*vár-já-tok* ist eigentlich 'euer es warten' wie *ruhá-tok* euer kleid) ab gesehen davon, dafs selbst dise einverleibenden formen adjectivisch gebraucht werden können. Davon weiter unten. Im wesen der einverleibung ligt aber keineswegs etwas entschiden verbales, denn auch eine nominalform kann transitive function haben (man erinnere sich der participien und infinitive).

Was zunächst das nomen des Magyarischen betrift, so sehen wir hier, wie in zalreichen andern sprachen, die casusverhältnisse durch postpositionen aufs gedrükt, von welchen das Magyarische eine grofse anzal auf zu weisen hat. Der blofse stamm one casuszeichen, im plural mit dem pluralzeichen versehen, gilt als nominativ, der blofse nominalstamm hat aber oft auch andere casusverhältnisse zu vertreten (s. u. beim Ostjakischen). Schon hierdurch erweist sich das magyarische nomen als grundverschiden von dem des indogermanischen, welches niemals als lebendiges wort eines casuszeichens entraten kann. Dafs aber auch die postposition nicht einem indogermanischen casussuffix gleich zu achten ist, dafs sie nicht mit dem nominalstamme zu einem untrenbaren wortganzen zusammen geht, wie difs im Indogermanischen der fall ist, dafs also nicht der stamm erst durch das casuszeichen zum worte wird, wie im Indogermanischen, sondern als solcher schon als wort fungieren kann, dafs also das magyarische wort etwas ganz anderes ist, als das indogermanische, zeigt sich deutlich darin, dafs die postposition bei coordinierten nominibus den voran gehenden entzogen werden kann und nur bei dem lezten zu stehen braucht; z. b. *a jó embernek* dem guten menschen (*a* für *az* demonstrativum, artikel; *jó* gut; *ember* mensch; *-nek* - *nak* postposition etwa im sinne unseres dativs) für *az-nak (*annak*) *jó-nak ember-nek* (als könte man im Griechischen sagen *τo ἀγαθo ἀνθρώπῳ. Das vor dem substantivum stehende attributive adjectiv steht stats in der reinen stamform, pluralzeichen und casuspostpositionen treten nicht an das selbe. So sagt man z. b. *Hunyady Mátyás magyar király-nek* dem ungarischen könig Mathias Hunyady, *-nak* gehört hier zu allem vorher gehenden. Änliches findet bei mit 'und' verbundenen worten statt (vgl. oben den entsprechenden fall bei den koptischen praepositionen).

Beim activen verbum hat die dritte person keine personalbezeichnung, es fält also die dritte person singularis des unbestimten verbs in der form mit dem verbalstamme zusammen. Dise dritten personen sind also, nach indogermanischem mafsstabe, keine verba; z. b. III. sing.

vár er wartet, *vár-ja* er erwartet in, es, sie; *ja* bezeichnet das object; III. plur. *várn-ak* (das *n* halte ich für rest eines verbalnomen, das hier anstatt des in den andern personen bräuchlichen stammes ein tritt) sie warten; *vár-já-k*, der regelrecht auf nominale art von *vár-ja* gebildete pluralis, sie erwarten es, in, sie. Das -*ak*, -*k* ist das gewönliche pluralzeichen der nomina.

Eben so in andern temporibus und modis. Z. b. perfectstamm *vár-t*, bedeutet zugleich er hat gewartet; *vár-t-a* er hat es erwartet (*a* ist mit *ja* gleich bedeutend, auch an nominibus); III. pluralis *vár-t-ak* sie haben gewartet; *vár-t-á-k* sio haben es erwartet u. s. f. Lauter echte nominalformen, oder vilmer formen, die sowol nomina als verba sein können.

Da nun, wie wir oben sahen, der nominativ der nomina aufs dem blofsen stamme besteht, so fallen nominativ singularis und III. singularis praesentis der unbestimten form in allen fällen völlig zusammen, in welchen ein und der selbe stamm sowol als verbum als als nomen in gebrauch steht. Hierauf macht bereits Révai ('antiquitates literaturae hungaricae I. Pest 1803, s. 199, § 101) aufmerksam und furt beispile an wie *nyom* vestigium, premit; *űr* spatiom, spatiosus, revertitur, convertitur, quasi spatium conficit; *fagy* gelu, gelascit; *fog* dens, capit u. s. f. Der fall ist nicht selten, er tritt auch bei stammon mit stambildungssuffixen nach der wurzel ein, z. b. *vad-ász* jäger, er jagt; *kal-ász* fischer, er fischt; *ir-at* schrift, er lafst schreiben u. s. f.

Ferner lautet ein teil der personalsuffixa am verbum und der possessivsuffixa am nomen völlig gleich; durchweg ist difs allerdings nicht der fall. Leider felen uns magyarische sprachdenkmale höheren alters; hätten wir die sprache in einer wesentlich ursprünglicheren form zur verfügung, so würde sich manches erklären lafsen, das bei dem vor ligenden sprachmateriale dunkel bleibt.

Man vergleiche z. b.:

stamm *várt* gewartet   stamm *hal* fisch

Singularis.

I. *várt-am* ich habe gewartet   *hal-am* mein fisch
II. *várt-ad* du hast in, es, sie erwartet (das   *hal-ad* dein fisch
    objectspronomen ist in diser form geschwunden)
III. *várt-a* er hat in erwartet   *hal-a* sein fisch.

Pluralis.

I. *várt-unk* wir haben gewartet — *hal-unk* unser fisch
II. *várt-atok* ir habt gewartet — *hal-atok* euer fisch
   vart-á-tok ir habt es, in, sie erwartet (stamm *várt-a*) — *ruhá-tok* euer kleid (stamm *ruha*)
III. *várt-ak* sie haben gewartet — *hal-ak* fische
   várt-á-k sie haben es, in, sie erwartet. — *ruhá-k* kleider.

Natürlich fallen auch andere personen als die dritten nicht selten mit nominibus völlig zusammen, wie z. b. *radász-unk* 'unser jäger' und 'wir jagen' u. dergl. mer.

Hat, wie schon gesagt, das verbum auch manche endung für sich, die am nomen nicht erscheint, wenigstens nicht in der heutigen sprache (z. b. 1. sing. *vár-ok* ich warte, II. sing. *vár-sz* du wartest und andere), so folgt doch aufs der oben gegebenen zusammenstellung, dafs difs nicht im princip der sprache ligt, dafs es vilmer zufälliger art ist, wenn nomen oder verbum etwas inen aufsschliefslich eigentümliches zeigen. Ein durch gefürter, principieller gegensatz in der bildung diser beiden redeteile läfst sich keinesweges im Magyarischen nach weisen.

Das dem nominalen nahe stehende wesen des magyarischen verbums tritt aber ferner noch deutlich zu tage in dem adjectivischen gebrauche der verbalformen. Es kann nämlich eine verbalform geradezu als adjectivum zu einem substantivum gesezt werden. Z. b. *a hallod dolgok*, wörtlich: die du-hörst-sie (bestimte form) dinge (*a* abgekürztes pronomen demonstrativum, artikel; *hall-od* II. sing. praesentis bestimter form zu wurz. *hall* hören; *dolg-ok* pluralis zu sing. *dolog* ding), d. h. die dinge, die du hörst. Häufiger ist diser gebrauch im perfectum, z. b. *a hallottam beszéd* 'die ich-habe-sie-gehört rede', die rede, welche ich gehört habe; *a kárt vallott ember* 'der schaden bekante (bekant habende) mensch', d. i. der mensch, der schaden (*kár*, accus. sing. *kár-t*) gelitten hat u. a. (Bloch, ungarische grammatik, 3. auflage, Pesth 1848, s. 183, § 142). In dem zulezt an gefürten beispile ist *vallott* deutlich participium praeteriti zu *vall* er gesteht, bekent, sagt aufs; difs participium gilt nun eben so zugleich als III. sing. perfecti, wie der blofse verbalstamm als III. sing. praesentis. Hier ligt die identität von adjectivum und verbum auf der hand. Da nun aber auch die andern personen des verbi, nicht blofs die dritte, adjectivisch gebraucht werden, so folgt daraufs, dafs durch die anfügung der suffixa zur bezeichnung der handelnden person und des objects die nominale, hier adjectivische natur nicht geändert wird; *a hallottam beszéd* ist also eben so vil als 'die mein-sie-gehört rede'; *a hallod dolgok* etwa 'die dein-sie-hören dinge'.

Übersiht man alles das, was im bisherigen über die conjugation des Magyarischen an gefürt ward, so ergibt sich, dafs auch für das Magyarische der indogermanische gegensatz von nomen und verbum keine geltung hat. Verba und nomina zeigen im Magyarischen eine im wesentlichen gleichartige form, d. h. nach indogermanischen begriffen gibt es im Magyarischen weder nomina, noch verba.

Finnisch.

Die sämtlichen mit dem Finnischen und Magyarischen verwanten sprachen hier durch zu nemen, ist wol nicht erforderlich; es genügt für unseren zweck, wenn wir einige sprachen, besonders aber die vornemsten vertreter der finnischen sprachgruppe auf die hier in betracht kommenden formen an sehen. Dafs vor allem aufser dem Magyarischen das Finnische im engeren sinne, das Suomi, in betracht komt, bedarf keiner begründung. Meine hilfsmittel für das studium des Finnischen sind G. E. Eurén, finsk Språklära, Åbo 1849; des selben Finsk-Swensk Ordbok, Tavastehus 1860; G. Renvall, lexicon linguae Fennicae, Aboae 1823—1826, bisweilen benuzte ich auch das Svenskt-Finskt Handlexicon, Helsingfors 1853. Texte zu leseübungen stehen mir in den veröffentlichungen der finnischen litteraturgesellschaft in reichem mafse zu gebote.

Auch im Finnischen fällt eigentlich stats der nominativus singularis mit dem stamme der nomina zusammen,*) er hat kein casuszeichen;

---

*) Beiläufig sei bemerkt, dafs das Finnische besonders in einer beziehung für die glottik von bedeutung ist. Man findet nicht selten vereinzelt in den sprachen die benutzung secundärer lauterscheinungen zur andeutung functioneller unterschide, besonders zum ausdrucke und zur unterscheidung von beziehungsfunctionen (z. b. *νύθας* neben *πόδες*, gemeinsame grundform beider casus ist aber *padas*, früher allerdings *padas* nom. plur., *padams* accus. plur.). Im Finnischen ist difs verfaren so zu sagen zu einem princip der wortbildung geworden. So lautet z. b. der nominativ singul. eines stammes *vastaukse* (antwort), der sich in diser form als nominativ vor suffixen erhalten hat (z. b. *vastaukse-ni* meine antwort) nicht mer also, sondern *vastaus*, wodurch sich also diser casus schärfer von andern ab sezt (z. b. *vastaukse-sta* ablat.); es

auch hier ist also, im gegensatze zum Indogermanischen, ein stamm zugleich wort. Wenn sich bei vilen stämmen dennoch der nominativus singularis in seiner form von der andern casus zu grunde ligenden stamform unterscheidet, so ist difs lediglich eine folge später ein getretener lautlicher veränderungen, von denen die nominativform sich frei gehalten hat, wenn ein suffigiertes pronomen an sie an tritt.

Der vom nomen nicht wesentlich verschidene character des finnischen verbums tritt deutlich hervor zunächst in der dritten person pluralis auf -*vat*, -*rät* (der wechsel von *a* und *ä* beruht auf dem bekanten gesetze der vocalharmonie), -*t*. Dises *t* ist offenbar das selbe element, welches auch beim nomen als pluralbildend erscheint; es ist auf den nominativ pluralis beschränkt (z. b. *karhu* ursus, nominat. plur. *karhu-t*), vor den endungen der andern casus wird ein anderes pluralzeichen (*i*) gebraucht, welches auch im Magyarischen in gewissen fällen an gewant wird. Das -*va*- der endung -*va-t*, -*rä-t* halte ich für identisch mit dem suffixe *va*, welches ein participium bildet; *) z. b. stamm *saa* accipere, particip. *saa-va* accipiens, III. plur. praes. *saa-va-t* accipiunt, wörtlich accipientes. Die als dialectisch von Eurén bei gebrachten formen wie *saavatten* scheinen durch das antreten einer anhangspartikel entstanden zu sein, von denen das Finnische einen ser aufs gedenten gebrauch macht.

Die III. pers. singularis zeigt eben so wenig ein personalsuffix, z. b. *saa* accipit. Sie nimt aber gerne den zusatz eines -*pi* (in gewissen fällen lautgesezlich wechselnd mit -*vi*) an, also *saa-pi*, worin man mit Renvall wol nur eine an gehängte partikel sehen kann, mittels deren das Finnische den worten oft nur einen gröfseren nachdruck zu verleihen liebt. In disen dritten personen haben wir also formen vor uns, die, mit indogermanischem mafsstabe gemefsen, nichts verbales an sich haben.

Die ersten personen endigen im singularis auf -*n*, im pluralis auf -*mme*; z. b. *saa-n* accipio, *saa-mme* accipimus. Die endung der I. sing. -*n* fafse ich als eine verkürzung von -*ni* (vgl. die II. sing.); -*ni* ist das possessive suffix der I. singularis beim nomen z. b. *maa-ni* terra mea),

---

beifst *repü* (er zerreifst), *repiват* (sie zerreifsen) aber *revit* (du zerreifsest), *revimme* (wir zerreifsen), *revitte* (ir zerreifset) u. s. f.

*) Auch im Magyarischen scheint die III. pluralis praesentis und dem praesens änlich gebildeter tempus- und modusformen auf einem participium zu beruhen.

-mme aber lautet eben so als possessives suffix der nomina (z. b. *maa-mme* terra nostra). Die entsprechenden selbständigen pronomina sind *minä* ego, *me* nos. Ob die von Eurén an geführte dialectform -*mma*, -*mmä* für -*mme* auch als possessivsuffix vor komt, vermag ich nicht zu ermitteln.

Die zweiten personen endigen im praesens und in mereren andern tempus und modus im singularis auf -*t*, im pluralis auf -*tte*; z. b. *saa-t* accipis, *saa-tte*, dialectisch *saa-tta* accipitis. Sie sind dem verbum eigentümlich. Die entsprechenden possessivsuffixe sind sing. -*si*, plur. -*nne*; z. b. *maa-si*, *mau-nne*. Die selbständigen pronomina sind *sinä* tu, *te* vos. Es verhält sich also *me* zu -*mme* wie *te* zu -*tte* und es dürfte daher zufällig sein, dafs das dem -*mme* volständig entsprechende -*tte* nicht fürs nomen gebräuchlich ist, sondern nur beim verbum auf tritt. Im optativus erscheint jedoch in der II. singularis das personalsuffix, welches nach analogie der ersten person zu erwarten war, nämlich -*s*; -*n* : -*ni* = -*s* : -*si*. Dise II. sing. optativi lautet z. b. *saa'o-s*, nach den lautgesetzen für *saa-ko-s* (vgl. *maa-si* terra tua).

Die zweite pers. sing. imperativi ist, wie in zalreichen dem Finnischen verwanten und nicht verwanten sprachen, der blofse verbalstamm; z. b. *saa* accipe, *sano* dic u. s. f. Eurén schreibt allerdings *saa'*, *sano'* als wäre hier am ende etwas hinweg gefallen; ich glaube nicht mit recht. Auf dises so genante aspirationszeichen werden wir weiter unten zurück kommen.

Der nachweis, dafs auch im Finnischen, wie im verwanten Magyarischen, der gegensatz von nomen und verbum nicht durch greifend entwickelt ist, ist im bisherigen bereits bei gebracht.

Doch werfen wir noch einen blick auf das finnische verbum.

Die stämme des optativs und imperativs (mit aufsname der II. person singularis), z. b. optativstamm *saa-ko*, *repi-kö* (*repi*, *revi* rumpere, lacerare), imperativstamm *saa-ka*, *repi-kä*, bestehen, wie leicht zu erkennen ist, im optativ aufs dem verbalstamm und der fragepartikel -*ko*, -*kö*, im imperativ aufs dem verbalstamme und der hervor hebenden anhängepartikel -*ka*, -*kä*. In der III. person singularis und im ganzen pluralis tritt in beiden modus noch -*h+n*, das heifst -*h*+vocal der vorher gehenden silbe +*n*, an; warscheinlich ist difs -*h+n* die häufig gebrauchte anhängepartikel -*han*, -*hän*, die sich gerne mit -*ka*, *kä* verbindet, die aber hier iren vocal dem der vorher gehenden silbe assimiliert, z. b.

Optativ	Imperativ
Singularis.	

I. in beiden modus nicht gebräuchlich.
II. *saa'-o-s* für *saa-ko-s* — andere bildung.
III. *saa-ko-hon*, gewönl. — *saa-ka-han*, gewünl.
saakoon — *saakaan*

Pluralis.

I. *saa-ko-ho-mme*, gewoul. — *saa-ka-ha-mme*, gewünl.
saakoomme — *saakaamme*
II. *saa-ko-ho-tte* — *saa-ka-ha-tte*
saakootte — *saakaatte*
III. *saa-ko-ho-t* — *saa-ka-ha-t*
saakoot — *saakaat*.

Der schwund des *s* vor consonanten, wie in *saakoho-mme* u. s. f. für *saa-ko-hon-mme* u. s. f., ist auch sonst im Finnischen gewönlich.*)

Die dritten personen des singularis haben hier also gar nichts, was sie zu nomina oder zu verba stempelte, sie bestehen aufs einem wortstamme mit an gehängten partikeln. In den übrigen personen treten noch die gewönlichen pronominalsuffixa hinzu, in der III. pluralis das pluralzeichen.

Der lautform nach könte man geneigt sein bei *saa-ko-hon*, *saa-ka-han* an das *-h+n*, suffixpronomen der III. singularis zu denken (z. b. *maassaan* für *maa-ssa-han* in seinem lande; *maa-ssa* inessiv zu *maa*), das regelmäfsig sich mit seinem vocale nach dem der vorher gehenden silbe richtet. Dann müste man an nemen dafs für den plural die III. singularis als stamm gelte, was zwar in den sprachen nicht unerhört ist (vgl. z. b. poln. *jest-em* sum, *jest-esmy* sumus u. s. f., von *jest* est, anstatt von *jes*, dem stamme des praesens, gebildet), mir jedoch weniger warscheinlichkeit für sich zu haben scheint, zumal in sprachen, die dem Finnischen nabe stehen (so im Ostjakischen, Samojedischen), in der

---

*) Dise formen erinnern gar ser an die jungen litauischen imperative wie *dů-ki-me*, *dů-ki-te*, bei denen im *k* auch eine partikel stekt (vgl. litauische grammatik, § 108, s. 229 figg.). In disen litauischen imperativen haben wir also warscheinlich einen finnismus zu erkennen.

selben weise partikeln an so genante verbalstamme treten um modusstamme zu bilden. Jedes falles entraten formen wie *saakohon* eines specifisch verbalen characters.

Nicht bedeutungslos für die beurteilung des finnischen sprachgefüls bezüglich des gegensatzes von nomen und verbum ist auch der umstand, dafs casus von pronominalstämmen, die als partikeln fungieren, mit den selben personalendungen, welche an die verba treten, versehen werden können. Z. b. relativer stamm *ku* (nomin. sing. *ku-ka* mit dem bereits erwähnten an gehängten *ka*); inessivus *ku-ssa*, d. h. ubi; elativus *ku-sta*, d. h. unde, und nun von disen casusformen I. sing. *ku-ssa-n ku-sta-n* ubi ego, unde ego; II. sing. *ku-ssa-s, ku-sta-s* ubi tu, unde tu u. s. f. (Renvall lex. s. v. *kuka*). Änliches findet in andern fällen der art statt. Difs erklärt sich nur auf die weise, dafs die so genanten personalendungen des finnischen verbum nichts anderes sind als die an den nominibus gebräuchlichen possessivsuffixa, denn auch dise treten nach der casusendung an (z. b. *maa-ssa-ni* terra in mea); an ein aufs gelafsenes oder verflüchtigtes *ole-n* sum, *ole-t* es u. s. f. kann hier niemand denken. Man vergleiche hierzu auch magyarische bildungen wie *nál-am* apud me, *nál-ad* apud te u. s. f., wörtlich: meum apud, tuum apud. Ist aber ein *ku-ssa-n* wörtlich ein 'meum ubi', das auch die function von 'ubi ego' hat, so wird auch wol ein *ssa-n* nichts anderes sein als 'meum accipere', d. i. accipere ego, accipio. Die finnischen personalbezeichnungen am so genanten verbum sind also etwas ganz anderes, als die personalendungen des Indogermanischen.

Dafs der personalausdruck dem finnischen verbum nicht so wesentlich ist als dem indogermanischen, zeigt auch die so genante negative conjugation, in welcher nach dem 'negativen verbum' (von dem es ser dahin steht, ob es disen namen verdient) der blofse tempus- oder modusstamm steht, one personbezeichnung. Die grammatik, aber auch nur dise, versiht in disem falle allerdings den tempus- oder modusstamm mit dem aspirationszeichen, als wäre etwas hinweg gefallen. Bei disem aspirationszeichen ist es mir jedoch ser zweifelhaft, ob es mer sei als ein blofses zeichen, das die grammatik irer theorie zu folge sezt; eine lautliche geltung scheint es kaum zu haben (für den inlaut stellt eine solche Eurén selbst in abrede, s. 4, § 1, anm. 4).*) Man sagt

---

*) Über dise rätselhafte aspiration sagt Eurén a. a. orte folgendes: 'Utom före-

also im Finnischen *sano-n* ich sage, aber *e-n sano* ich sage nicht; *sano-t* du sagst, aber *e-t sano* du sagst nicht; *sanoisi-n* ich würde sagen, aber *e-n sanoisi* ich würde nicht sagen u. s. f.

Ergebnis. Die fürs Indogermanische giltige gleichung: 'nomen = stamm + casussuffix, verbum = stamm + personalendung' hat auch fürs Finnische keine geltung.

Ostjakisch.

Als beispil einer ostfinnischen sprache mag uns das Ostjakische gelten (Alex. Castréns Versuch einer Ostjakischen Sprachlehre nebst kurzem Wörterverzeichniss. Im Auftrage der Kaiserl. Akademie der Wissenschaften herausgegeben von Ant. Schiefner. St. Petersburg 1858). Nach Castrén bildet das Ostjakische mit dem Wogulischen den östlichsten zweig des finnischen stammes (a. a. o. s. V).

Das Ostjakische bietet im algemeinen die selben erscheinungen, wie die übrigen sprachen, die man (mer nach irem baue, als nach irer wirklichen, leiblichen verwantschaft, unter dem namen der ural-altaischen zusammen zu fafsen pflegt. Die verhältnisse ligen in diser sprache jedoch einfacher als im Magyarischen und Suomi, so dafs einige wenige nachweise genügen werden, um dar zu tun, dafs auch im Ostjakischen keine scheidung von nomen und verbum in der lautlichen form statt findet.

Der nominativus singularis, ja sogar der genitiv und accusativ wird durch den reinen wortstamm gegeben (§§ 60. 61). Difs findet sich übrigens in gewissen fällen auch im Magyarischen (vgl. z. b. Bloch — Ballagi — ausführl. Grammatik der ungarischen Sprache, 3. Ausg., Pesth 1848, § 166. s. 217, § 88. s. 137); als solche 'genitive' ône suffix betrachten wir nämlich die aufserordentlich häufigen fälle, in denen, wie man gewönlich sagt, die postposition *-nak*, *-nek* 'hinweg gelafsen' oder 'hinweg gefallen' sein soll; den accusativen anderer sprachen kann man aber manche adverbielle aufsdrücke des Magyarischen vergleichen, z. b. *este* abends, *minden-nap* jeden tag, täglich u. s. f. Das adjectiv als sol-

nämde ljud, har finska språket aspirationen, hvilken består i en utandning vid slutet af några ord. Så väl i slutet som innuti ord, der den förekommer, är den en lemning af en försvunnen konsonant, men innuti ordet höres den icke. Den brukas också blott i språkläror, för att förklara vissa bokstafsförvandlingar. I denna bok begagnas såsom aspirationstecken ('); t. ex. *sano*' såg; *tuoda*' att hemta'

ches entbert im Ostjakischen der declination (§ 57), wie im Magyarischen (aber nicht im Suomi).

Die possessivsuffixa am so genanten nomen und die personalsuffixa am so genanten verbum sind gleich lautend. In der transitiven conjugation ist difs durchweg der fall, in der intransitiven jedoch nur teilweise (vgl. was über dise nur teilweise verschidenheit der an worte verschidener art tretenden pronominalsuffixa bei gelegenheit des Magyarischen bemerkt ward).

Die zweite person imperativi ist der reine verbalstamm.

Die übereinstimmung nominaler und verbaler bildung im Ostjakischen wollen wir an einem beispile vor augen füren.

stamm *ime* frau   stamm *pane* legen
(s. 41, § 89)   (s. 58, § 115)

Singular.

I. *ime-m* meine frau   *pane-m* ich legte
II. *ime-n* deine frau   *pane-n* du legtest
III. *ime-t* seine frau   *pane-t* er legte.

Dual.

I. *ime-men* unsere frau   *pane-men* wir (beide) legten
II. *ime-den* euere frau   *pane-den* ir (beide) legtet
III. *ime-den* ire frau   *pane-den* sie (beide) legten.

Plural.

I. *ime-u* unsere frau   *pane-u**) wir legten
II. *ime-den* euere frau   *pane-den* ir legtet
III. *ime-t* ire frau   *pane-t* sie legten.**)

Die disen suffixen meist zimlich nahe stehenden selbständigen pronomina lauten im nominativ (stamm):

---

*) S. 69 steht *panen*, eben so im futurum *panden*. Dafs difs drukfeler sei, lert § 104.

**) Die übereinstimmung der III. sing. und der III. pluralis würde an das Litauische erinnern, wenn auch der dualis seine form mit dem singularis teilte. So ist, wie es scheint, im Ostjakischen dises zusammenfallen der III. sing. und pluralis nur zufällig (*t* = *teu* und = *teg*).

Singular.	Dual.	Plural.
I. *ma* ich (suff. -*m*)	*min* (suff. -*men*)	*men* (suff. -*u*, nach Castréns vermutung — § 85, anm. s. 39 — eine wandlung von -*m*)
II. *nen**) du (suff. -*n*)	*nin* (suff. -*den*), ab weichend, s. d. plur.	*nen* (suff. -*den*); nach Castrén sicht *nen* für *ten)
III. *ten* er, der (suff. -*t*)	*tin* (suff. -*den*)	*teg* (suff. -*t*).

In der intransitiven conjugation finden sich, wie im Magyarischen, für die dritten personen des singularis und pluralis in den Surgut-dialecten formen one personalbezeichnung, z. b. *men* er gieng (I. sing. *men-em*, II. sing. *men-en*), plur. *men-t* sie giengen (§ 106, s. 55; § 115, s. 60); -*et* -*t* ist aber das gewönliche pluralzeichen (§ 60, s. 25 f.). In disem *men-t*, im Irtysch-dialect *men-et*, finden wir also nicht das *t* der dritten person, sondern, in übereiustimmung mit der art und weise der zunächst verwanten sprachen, eine in gar nichts wesentlichem von einem plural eines nomens (one suffixe) verschidene form.

Für eine andere ostfinnische sprache, das Mordwinische, ligt ein vorzügliches studienhilfsmittel vor in Dr. Aug. Ahlquists Versuch einer Mokscha-Mordwinischen Grammatik nebst Texten und Wörterverzeichnifs. St. Petersburg 1861 (Kaiserl. Akad. der Wissensch.). Es tut mir leid, dafs ich nicht auch dise finnische sprache unter dem hier in rede stehenden gesichtspuncte in betracht nemen kann; ich mufs aber durchaufs mit diser arbeit zum abschlufse eilen und sehe mich so genötigt, es bei den im vorher gehenden erörterten sprachen finnischen stammes bewenden zu lafsen. Eine flüchtige durchsicht der formen des Mokscha hat mich zu der vermutung geführt, dafs trotz mannigfacher abweichungen vom Suomifinnischen, die eher für einen stärker entwickelten als für einen noch mer verwischten gegensatz von nomen und verbum zu sprechen scheinen, das schlufsergebnis einer genaueren untersuchung diser sprache dennoch wesentlich in demselben sinne aufs fallen durfte, wie beim Magyarischen und beim Suomi.

Samojedisch.

Dafs im Samojedischen nomina und verba in iren formen zusammen fallen, fürt Castrén (Grammatik der samojedischen spra-

---

*) Mit *ń* bezeichnen wir das gutturale *n* (wie *ng* in unserem *e-ng-e, la-ng-e*).

chen. Im Auftrage der Kaiserl. Akademie der Wissenschaften herausgegeben von Ant. Schiefner. St. Petersburg 1854, § 214—219 und § 463 flgg.) des näheren aufs. Diser einzige kenner des Samojedischen weist darauf hin, dafs das praedicative adjectiv zugleich verbum sei, z. b. *sawa jale* ein guter tag, aber *jáleda sawa* der tag ist gut; auch die substantiva können zugleich als verba fungieren one irgend welche veränderung irer form, z. b. *bárba* 'herr' und 'es ist ein herr', *jále* 'tag' und 'es ist tag'. Jedem nomen können nicht blofs im nominativ, sondern in verschidenen casus verbalsuffixe an gefügt werden (§ 216; vgl. finnische formen wie *ku-ssa-n* ubi ego, *ku-ssa s* ubi tu; beispile aufs dem Samojedischen habe ich jedoch hierfür nicht finden können, wodurch natürlich auch nicht im entferntesten ein zweifel gegen die richtigkeit von Castréns angabe entsteht), wie die possessivsuffixa irerseits auch dem verbum, dessen formen überdifs decliniert werden können (§ 218; auch für dise leztere erscheinung sind mir keine beispile zur hand).

Der nominativ hat auch im Samnjedischen kein suffix (§ 224).

Die possessivsuffixa am nomen und die verbalsuffixa, welche die beziehung auf das subject verbi aufs drücken, unterscheiden sich nicht. Die folgende zusammenstellung mag difs vor augen legen (die beispile sind sämtlich der Juraksprache entnommen; Castréns grammatik umfafst nämlich verschidene samojedische sprachen und dialecte).

stamm *lamba* schneeschuh (§ 412, s. 243)	stamm *máda* hauen, gehauen haben (§ 494, s. 389)
Singular.	
I. *lamba-u* mein schneeschuh	*mada-u* ich hieb (irgend etwas unbestimtes; eigentl. mein hauen)
II. *lamba-r* dein schneeschuh	*mada-r* du hiebst
III. *lamba-da* sein schneeschuh	*mada-da* er hieb.
Dual.	
I. *lamba-mi**) unser (beider) schneeschuh	*mada-mi*' wir beide hieben
II. *lamba-ri*' euer schneeschuh	*mada-ri*' ir beide hiebt
III. *lamba-di*' ir schneeschuh	*mada-di*' sie beide hieben.

*) ' bezeichnet hier ein ab gefallenes *n* (gutturales n).

Plural.

I. *lamba-wa'* unser schneeschuh — *mada-u'* (als nebenform von *mada-wa'* deutlich erkenbar, -*wa* und -*u* wechseln auch sonst) wir hieben
II. *lamba-ra'* euer schneeschuh — *mada-ra'* ir hiebt
III. *lamba-du'* ir schneeschuh — *mada-du'* sie hieben.

Die selbständigen pronomina lauten im nominativ, dem der genitiv gleich ist:

	Singular.	Dual.	Plural.
I.	*mañ**)	*mañi"*	*maña'*
II.	*pudar*	*pudari"*	*pudara'*
III.	*puda*	*pudi"*	*pudu'*.

Es ligt am tage, dafs die in den oben gegebenen beispilen vor kommenden suffixa einfache abkürzungen diser selbständigen pronomina sind.

Steht das object eines so genanten verbum im dual, so steht gewissermafsen auch das verbum im dualis. Es nimt in disem falle die selben suffixa an, welche als possessivsuffixa an die dualformen des nomen treten. Z. b.

Singular.

I. *lamba-hajun* meine zwei schneeschuhe (*lambaha'* zwei schneeschuhe) — *madaña-hajun* ich haue (oder hieb) zwei (wörtl. meine zwei hauungen)
II. *lamba-hajud* deine zwei schneeschuhe — *madaña-hajud* du hiebst zwei
III. *lamba-hajuda* seine zwei schneeschuhe — *madaña-hajuda* er hieb zwei

Dual.

I. *lamba-hajuni"* unsere zwei schneeschuhe — *madaña-hajuni"* wir beide hieben zwei
II. *lamba-hajudi"* — *madaña-hajudi"*
III. *lamba-hajudi"* — *madaña-hajudi"*

Plural.

I. *lamba-hajuna'* unsere zwei schneeschuhe — *madaña-hajuna'* wir hieben zwei
II. *lamba-hajuda'* — *madaña-hajuda'*
III. *lamba-hajudu'* — *madaña-hajudu'*.

---

*) Mit *ñ* wollen wir die innige verbindung von *n* und *j*, das palatale *n*, bezeichnen.

Ganz eben so sind nomina und verba im plural gleich, d. h. wenn das nomen im plural steht, an welches die possessivsuffixe treten und wenn das object des so genanten verbum ein plural ist. Z. b.

Singular.

I. *lambi-n* meine schneeschuhe   *mada-i-n* ich hieb (mercre oder
  (*lambi* acc. und gen. plur.)   vile)
II. *lambi-d* deine schneeschuhe   *mada-i-d* du hiebst u. s. f.
III. *lambi-da* seine schneeschuhe   *mada-i-da*

Dual.

I. *lambi-ni"*   *mada-i-ni"* wir beide hieben merere
II. *lambi-di"*   *mada-i-di"*
III. *lambi-di"*   *mada-i-di"*

Plural.

I. *lambi-na'*   *mada-i-na'*
II. *lambi-da'*   *mada-i-da'*
III. *lambi-du'*   *mada-i-du'* *)

Der oben bereits berürte verbale gebrauch der nomina steht der so genanten bestimten conjugation der verba zur seite. Die dritten personen singularis, pluralis und dualis haben hier gar keine bezeichnung der person, sondern sind eben die stamme der betreffenden zalen, im singular also die wortstamme selbst (wie ja auch im Magyarischen und sonst).

stamm *sara* gut   stamm *mada* hauen
(s. 226)   (s. 288)

Singular.

I. *sara-m* ich bin gut   *mada-m* ich hieb (etwas bestimtes)
II. *sawa-n* du bist gut   *mada-n* du hiebst
III. *sara* er ist gut   *mada* er hieb.

Dual.

I. *sara-ni"* wir beide sind gut   *mada-ni"* wir beide hieben
II. *sawa-di"*   *mada-di"*
III. *sawaha'*   *madaña'* von einem andern stamme fur *madaña-ha'*

---

*) Hier und sonst teile ich auch aufs dem grunde gröfsere stücke aufs den besprochenen sprachen mit, um nebenbei den auf dem gebiete der sprachen weniger bewanderten, die vielleicht von diser abhandlung einsicht nemen, eine wenigstens teilweise anschauung von dem organismus — fast möchte man sagen mechanismus — wenig bekanter sprachen zu geben.

Plural.

I. *sara-wa'* wir sind gut   *mada-wa'* wir hieben
II. *sara-da'*   *mada-da'*
III. *sara'*   *mada'*.

Jakutisch.

Anstatt des Osmanli wälen wir als vertreter der türkisch-tatarischen sprachen das Jakutische. Hierzu bestimt uns teils der umstand, dafs uns das Jakutische in der meisterhaften darstellung Böhtlingks (Über die Sprache der Jakuten. Grammatik, Text und Wörterbuch. St. Petersburg, Buchdruckerei der Kaiserl. Akad. der Wissenschaften, 1851) vor ligt, teils die warnemung, dafs das Jakutische im ganzen altertümlicher, in seinem baue klarer und ungetrübter ist, als seine türkische schwester.

Im ganzen gleichen bekantlich die tatarisch, auch (besonders in weiterem sinne) altaisch genanten sprachen in irem wesen den finnischen. Auch in bezug auf die uns beschäftigende frage fürt die untersuchung diser sprachen zu dem selben ergebnisse, welches sich bei den finnischen sprachen und dem dem Finnischen nahe stehenden Samojedischen heraufs stelte.

Auch hier gilt der stamm als 'casus indefinitus' des nomen und als II. sing. imperativi.

Was Böhtlingk casus indefinitus nent, ist das selbe, was im Magyarischen u. s. f. von den grammatikern nominativ genant wird. In bestimten fällen bezeichnet dise form im Jakutischen auch das object eines transitiven verbs, obwol das Jakutische aufserdem noch einen accusativus indefinitus und einen accusativus definitus hat. Auch hier steht das adjectivum vor dem substantivum in seiner reinen stamform — nach Böhtlingk im casus indefinitus —; z. b. *ölbüt kisi-lär-gä* gestorbenen menschen; nach unserer auffafsung, das dem substantivum an tretende pluralzeichen und die dem selben an gefügte postposition wirkt auch auf das vorher gehende adjectivum (über den casus indefinitus vgl. bei Böhtl. § 390, s. 159 f.).

Die zweite singularis imperativi, so wie die zweite pluralis und die dritte person des selben modus hält Böhtlingk für echte verbalformen, wärend er die übrigen meist so genanten verbalformen für reine nominalformen erklärt (§ 510, s. 203). Wir können dem nicht bei pflichten, in so ferne wir an der oben vom Indogermanischen entnommenen definition von verbum und nomen fest halten. So wie dieser definition zu folge der 'casus indefinitus' kein casus sein kann, weil er kein casussuffix hat, so kann auch die II. sing. imperativi kein verbum sein, weil sie keine personalbezeichnung besizt. Was ferner die dritte person pluralis des imperativs betrift, so wird sie mittels des auch beim nomen gebrauchten pluralzeichens *-lar, -lär* u. s. f. von der dritten person des singulars gebildet, dise selbst aber erhält die beziehung auf die dritte person durch das selbe suffix, das auch hei den nominibus als possessivum für die dritte person singularis gebräuchlich ist (§§ 420. 421). Z. h. II. sing. imperativi *bys* schneid; III. sing. *bys-tyn*, also wörtlich etwa 'sein schneiden, sein schnitt'; III. plural. *bys-tyn-nar*, für *bys-tyn--lar, ist regelrechter plural zum entsprechenden singular. Das suffix der zweiten person pluralis imperativi *-yń, -iń* u. s. f. (*ń* = gutturalem *n*) identificiert Böhtlingk selbst (§ 321) mit dem entsprechenden suffix der nomina *-ńyt, ńit* u. s. f., aufs dem es durch verkürzung entstanden sei; eine ansicht, die durch die verstärkte form des imperativs *bys-yńyt-yi* zur vollen gewisheit erhoben wird. Es bezeichnet somit auch die II. plural. imperativi zunächst nichts anderes als 'euer schneiden, ouer schnitt'. Somit ist der ganze imperativ nichts vom nomen wesentlich verschidenes und er fällt daher in seinem wesen mit den übrigen so genanten verbalformen zusammen, deren vom nomen nicht unterschidene art von Böhtlingk, wie oben gesagt, bereits erkant worden ist.

Der so genante casus indefinitus und die II. sing imperativi fallen also in irer form zusammen und nicht selten kommen auch wirklich die selben worte in beiden functionen vor (§ 235), wie z. h. *ás* (*s* wie unser *β*) hunger, hungere; *tot* satt, werde satt; *tyn* atem, atme; *toń* gefroren, friere; *sät* schande, schäme dich; *sanä* gedanke, denke; *chorui* antwort, vergilt gleiches mit gleichem.

Wie in allen sprachen änliches baues, so besteht auch im Jakutischen das perfectum aufs einem nomen praeteriti mit den possessivsuffixen, die hier auch an den dritten personen nicht felen. So ist z. h. *bys-t-* (*bys* schneiden) ein solcher perfectstamm. Nach Böhtlingk ist das an die wurzel tretende *t* ein rest von *-tach*, mit welchem suffixe (§ 378) ein nomen praeteriti und indefinitum gebildet wird, z. h. *bys-tach*, im wörterbuch erklärt als 'ein abgesonderter, für sich bestehender Theil'. Mag villeicht difs *t* im praeteritum nur mit jenem *-tach* verwant, nicht identisch sein, sicher ist jedes falles, dafs wir im praeteritum keine von den als nomina geltenden verschidene formen vor uns haben. Man vergleiche z. b.

stamm *byst* geschnitten   stamm *bas* kopf

Singular.

I. *byst-ym* ich schnitt   *bas-ym* mein kopf
II. *byst-yn* du schnitst   *bas-yn* dein kopf
III. *byst-a* er schnitt   *bas-a* sein kopf.

Plural.

I. *bysty-byt* wir schnitten   *bas-pyt* (*p* für *b* nach den lautgesetzen § 165) unser kopf
II. *bysty-gyt* ir schnittet   *bas-kyt* (*k* für *g* nach § 156) euer kopf
III. *bysty-lar-a* sie schnitten   *bas-lar-a* (*t* für *l* nach § 173) ir kopf.

Der vocal zwischen stamm und suffix in den pluralformen des perfectum ist so genanter hilfsvocal. Er findet sich auch bei andern stämmen.

In anderer weise ist das praesens, der potentialis und der conditionalis gebildet. In disen formen tritt nämlich das personalpronomen als nominativ an den stamm an. Das pronomen ist aber, wie andere nomina auch, in so ferne zugleich verbum, als es den begriff 'sein' enthalten kann. So heifst z. b. *ädär* jung, auch 'jung sein'; z. b. *kini* (pron. III. pers. sing.) *ädär* er ist jung; *kini-lär ädär-där* (nach den lautgesetzen für *ädär-lär) sie sind jung. So kann also z. b. *min*, pronom. personale der I. person, als an gehängtes pronomen *-byn -pyn, -bin -bun -bün* u. s. f. (vgl. türkisch بن *ben* ich) je nach den vorauſs gehenden vocalen lautend, auch heifsen 'ich bin'; daher: *min agha-byn* 'ich vater-ich' so vil als 'ich bin vater'. Im Jakutischen haben die an gehängten pronomina, praedicataſsixe von Böhtlingk genannt, in den I. und II. personen formen entwickelt, die von denen der selbständig gebrauchten pronomina mer oder minder ab weichen, warend in den tatarischen dialecten die praedicataſsixe mit den selbständigen pronominibus ganz zusammen fallen (§ 419 anm., s. 169).

Bei den stämmen, die als so genante verba gelten, verhält es sich nun nicht anders, als bei den inen wesentlich gleichartigen stämmen, die als nomina betrachtet werden. Der bloſse stamm gilt als dritte person; z b. *bysor* 'schneidend', türk. سور *sewer* liebend. Dise form ist geradezu auch ein nomen (Böhtl. § 375, s. 154; der türkischen grammatik gilt sie als indeclinabeles participium praesentis, s. z. b. Mirza A. Kasem-Beg, Allgemeine Grammatik der türkisch-tatarischen Sprache, übersetzt von Zenker, Leipzig 1848, s. 126 u. sonst). Das selbe gilt vom negativen praesens, dem der negative praesensstamm zu grunde ligt; z. b. *bys-pat* 'nicht schneidend' (*bys-pat kisi* ein nicht schneidender mensch) und 'er schneidet nicht'; z. b. *kisi byspat* der mensch schneidet nicht. Die dritte person pluralis hat natürlich das gewönliche pluralzeichen, z. b. *bysallar*, nach den lautgesetzen für *bysar-lar, 'schneidende', d. h. 'sie schneiden'; *byspattar*, nach den lautgesetzen für *byspat-lar, 'nicht schneidende', d. h. 'sie schneiden nicht'. Die andern personen fügen das pronomen zu disem stamme hinzu:

Singular.

I. *bysa-byn* für *bysar-byn; türk. روم *sewer-im*.
II. *bysa-ghyn* für *bysar-gyn; türk. سورسن *sewer-sen*.

Plural.

I. *bysa-byt* für *bysar-byt; türk. سورز *sewer-iz*.
II. *bysa-ghyt* für *bysar-gyt; türk. سورسز *sewer-siz*.

Die nominative der selbständigen personalpronomina, die allerdings von den suffigierten formen teilweise verschiden sind, lauten (Böhtl. § 434, s. 174: Kasem-Beg § 149, s. 60 flg.):

Singular.

I. *min*; türk. بن *ben*, lezteres warscheinlich mit dem älteren anlaute (über den wechsel von *m* und *b* vgl. § 172, s. 77).
II. *än*; türk. سن *sen*.

Plural.

I. *bis-igi*; türk. بز *biz* oder بزلر *biz-ler*.
II. *äs-igi* oder *is-igi*; türk. سز *siz*.

Der potentialis und der conditionalis des Jakutischen unterscheiden sich beide irem baue nach nicht vom praesens, sondern nur durch den stamm. Sie brauchen hier also nicht weiter erörtert zu werden.

Wir können angesichts der vor gelegten sprachlichen tatsachen mit völliger bestimtheit aufssprechen, dafs im Jakutischen und in den im verwanten sprachen der gegensatz von nomen und verbum in der lautlichen form nicht entwickelt ist.

Die mit dem Jakutischen zu einem und dem selben stamme gehörigen sprachen hier durch zu nemen, ist nicht nötig, so wenig als es am platze gewesen wäre, wenn wir oben die einzelnen semitischen oder indogermanischen sprachen einer betrachtung unterzogen hätten. Deshalb möge hier auch das Koibalische und Karagassische übergangen werden, obgleich mir für dise sprachen in M. Alex. Castréns koibalischer und karagassischer Sprachlehre, herausgegeben von Ant. Schiefner, St. Petersburg 1857, ein bequem zu benutzendes studienhilfsmittel vor ligt.

Tungusisch.

Im Tungusischen (M. Alex. Castréns Grundzüge einer tungusischen Sprachlehre nebst kurzem Wörterverzeichniss. Im Auftrage der Kaiserl. Akad. der Wissensch. herausgegeben von Ant. Schiefner. St. Petersburg 1856) verhält es sich bezüglich der scheidung von verbum und nomen im wesentlichen eben so, wie im Jakutischen.

Der nominativ hat kein suffix.

Das adjectivum als solches nimt keine declinationsendungen an.

Das perfectum besteht aufs dem stamme, dem die possessiven pronominalsuffixe an treten; z. b.

stamm und nominativ *haga* schale.

stamm und nominativ des partic. perfecti *anacá;* stamm des verbums *ana* stofsen.

Singular.

I. *haga-w*, dial. *haga-f* meine schale
II. *haga-s* deine schale
III. *haga-n* seine schale

anacá-f, anacá-u ich habe gestofsen
anacá-s du hast gestofsen
anacá u. *anacá-n* er hat gestofsen.

Plural.

I. *haga-wun* unsere schale
II. *haga-sun* euere schale
III. *haga-tin* ire schale

anacá-wun wir haben gestofsen
anacá-sun ir habt gestofsen
anacá-l und *anacá-tin* sie h. g.

Die III. sing. *anacá* ist, wie in den dritten personen häufig, der blofse stamm one personalbezeichnung. Das selbe gilt von der III. plur. *anacá-l*, welche zum stamme nur die algemeine pluralendung, wie sie bei den nominibus überhaupt gebräuchlich ist, gefügt hat.

Das praesens hat nur in der I. und II. person singularis eigentümliche formen, die übrigen fallen in der form mit den als nomina fungierenden worten zusammen.

Singular.

I. *ana-m* ich stofse (warscheinlich aufs *anara-m* verkürzt, das selbe gilt vom stamme der II. sing.; zu -m vgl. *bi*, gen. *mi-ni*, ich).
II. *ana-ndi* du stöfsest (*ni*, gen. *ni-ni*, du).
III. *anara-n* er stöfst (vgl. *anart* particip. praesentis; das suffix ist das selbe wie im perfectum und am nomen).

Plural.

I. *anara-vun* und *anara-f* wir stofsen (leztere form wol eine verkürzung der ersteren. Oder gilt der singularis zugleich als plural? Über das suffix *s* beim perfectum).
II. *anara-sun* und *anara-s* ir stofset (ganz wie bei der I. plural.).
III. *anara* sie stofsen (der blofse stamm).

Burjätisch.

Für die mongolische schriftsprache stehen mir im augenblicke keine hilfsmittel zu gebote. So weit ich mich diser sprache aus früheren studien erinnere, weicht sie in betreff der uns hier beschäftigenden fragen nicht wesentlich von den bisher besprochenen sprachen der so genanten altaischen sprachengruppe ab.

Dagegen ligt mir für das Burjätische eine trefliche quelle vor (Alex. Castréns Versuch einer Burjätischen Sprachlehre nebst kurzem Wörterverzeichniss. Im Auftrage der Kaiserl. Akademie der Wissensch. herausgegeben von Ant. Schiefner, St. Petersburg 1857). Es tritt uns auch hier im algemeinen der selbe typus sprachlicher bildung entgegen, den wir bereits bei den eben erörterten sprachen kennen gelernt haben.

Der so genante nominativ hat kein suffix, er fällt in der form mit dem stamme zusammen. In näherer verbindung mit einem andern nomen kann er auch in der function eines genitivs stehen.

Die adjectiva als solche haben keine suffixa.

Als possessive suffixe gelten die vollen oder verkürzten genitivformen des singularis und pluralis der selbständigen pronomina.

So genantes verbum. '§ 105. Das Burjätische theilt mit mehreren samojedischen und türkischen Sprachen die Eigenthümlichkeit, dass die Personalaffixe sowohl an Verba als auch an Nomina und gewisse Adverbien gefügt werden. Dieser Umstand ist im Burjätischen um so bemerkenswerther, als das Mongolische sogar in vielen Verbalformen die Personalendungen hintansetzt [vgl. hierzu das im flg. über das Mandschu gesagte]. Diese können zwar auch im Burjätischen ausgelassen werden, es giebt jedoch keine Verbalform, die nicht Personenendungen annehmen könnte. Nur für die dritte Person des Singulars und Plurals fehlt eine besondere Endung und diese ist somit als der Stamm jeder einzelnen Verbalform zu betrachten. Der Bedeutung nach ist die dritte Person des Verbums im Burjätischen wie in vielen andern verwandten Sprachen ein Nomen' [nicht nur der bedeutung, sondern auch der form nach ist sie difs; auch die andern personen unterscheiden sich nicht vom nomen s. u.]. '§ 106 — — Die Verbalsuffixa sind aus den Personalpronomina entstanden und machen entweder eine vollständige oder verkürzte Form ihres Nominativs aus [wir haben also eine blofse aneinanderrückung zweier worte vor uns, stamm und pronomen]. In ihrer vollständigen Form kommen jedoch die Personalsuffixe beim Verbum nur ausnahmsweise in einigen Dialecten vor und auch dann meist in der zweiten Person des Singulars und in der ersten und zweiten Person des Plurals'. Bei solcher losen zusammenfügung von stamm und pronomen kann es nicht wunder nemen, wenn da, wo keine undeutlichkeit dadurch entsteht, das pronomen aufs gelafsen und der blofse stamm allein gesezt wird, wie difs regelmäfsig in der dritten person geschiht. Von verbis nach indogermanischem begriffe kann also im Burjätischen auch nicht im entferntesten die rede sein. '§ 108. Diese Personalendungen werden an alle Modi finiti mit Ausnahme des Imperativs gefügt. Dieser Modus bildet mit seiner zweiten Person des Singularis den Stamm selbst und nimmt deshalb nach der Regel keine Personalendungen an'.

Ein beispiel mag anschaulich machen, wie es nach dem gesagten uns so genante verbum im Burjätischen steht.

Imperat. II. sing. *ala* töte. Die andern, teilweise schwirig zu erklärenden personen des imperativs mögen hier aufser betracht bleiben.

Praesens indicativi stamm *alana*   Pronomen
                    Singular.
III. *alana* er tötet.   (*ŏhŏn* er; *tere* jener, er)
II. *alana-ś*, *alana-č* für '*alana ši*,   *ši* (*še*), dial. *či* (*če*); genit. *ši-ńi*,
    '*alana či* du tötest   *či-ńi**)

---

*) *ń* ist auch hier bezeichnung des palatalen n (= *nj*).

I. *alana-p* für *'alana bi*; *alana-m* ich töte (leztere form ist wol kaum nach § 112 zu erklären, sondern nach § 25, b als nur phonetisch von *alana-p* verschiden zu fafsen). — *bi*, genit. *mi-ñi*.

Plural.

III. *alana* sie töten (der reine stamm, sogar one pluralzeichen. Oder steht hier, wie im Litauischen, der singular für den plural?) — (*ŭhŏt; tede*)

II. *alana-t* für und neben *alana-ta* ir tötet — *ta*, genit. *ta-nai*, dial. *ta-ni, ta-ñi*

I. *alana-bda, alana-bdi, alana-bdji* für *'alana bide, alana bidi* od. *bidji*. — *bide, bidi, bidji*, genit. *ma-nai*, diol. *ma-ni, ma-ñi*.

Wie bereits gesagt, werden die personen überall, auch im perfectum, auf dise art bezeichnet.

Obgleich es bei den paradigmen nicht bemerkt ist, so können die den stümmen bei geseczten pronomina im Mongolischen und Burjätischen auch felen (s. o.).

Mandschu.

Im Mandschu (Kaulen, linguae mandschuricae institutiones, Ratisbonae 1856) felt eine bezeichnung der zal und der person beim so genanten verbum ganz und gar, so dafs hier also von einem unterschide von verbum und nomen in der lautlichen form sich keine spur findet. Die stämme, die wir als nomina zu betrachten haben, unterscheiden sich in irer lautform nicht von denen, die durch verba zu übersetzen sind. So bezeichnet z. b. *-tshi* sowol den ablativ, als den conditionalis: *ama-tshi* vom vater, *ara-tshi* wenn ich schreibe; *-be* bildet den accusativ und, an jene conditionale gehängt, den 'limitativ': *ama-be* patrem, *ara-tshi-be* licet scribam u. s. f. Wir glauben daher auf dise sprache hier nicht näher ein gehen zu sollen. Beiläufig bemerke ich nur, dafs im Mandschurischen, wie mir die lectüre der bei Kaulen mit geteilten sprachproben dar getan, ganze sätze durch postpositionen gewisser mafsen decliniert werden können. Die in den finnischen und tatarischen sprachen one difs in manchen fällen nicht streng durch gefürte scheidung und individualisierung der einzelnen sazglider als worte scheint im Mandschu bis zu einem völligen nichtvorhandensein des unterschides von wort und satz aufs gebildet zu sein. Das selbe findet sich auch in andern sprachen mit geringer formentwickelung. Irer dürftigen grammatischen beschaffenheit wegen haben wir die Mandschusprache one rüksicht auf ire stamverwantschaft ans ende unserer betrachtung der so genanten altaischen sprachen gestelt.

Tamulisch.

In dem dravidischen oder dekhanischen sprachstamme verhält es sich mit der unterscheidung von nomen und verbum etwa in der selben weise, wie in den finnischen und tatarischen sprachen, mit deren bau der des Dravidischen überhaupt im algemeinen überein stimt. Als probe dises sprachstammes wälen wir das Tamulische (nach Grauls outline of Tamil Grammar in dessen Bibliotheca Tamulica tom. II; auch unter dem titel Kaivaljanavanita, a Vedanta poem u. s. f. Leipzig u. London 1855).

Das nomen enträt auch hier eines casussuffixes für den nominativ; im pluralis tritt das pluralzeichen an und an dises die selben casussuffixe oder postpositionen, die auch im singular gebraucht werden, z. b. nominat. sing. பலன் *pa'len* ('*l* a soft *l*; *ṅ* a soft *n*; fruit, gain. reward, aufs dem sanskrit entlent), nominat. plural. பலன்கள் *pa'len-kal* (*l* a hard *l* of a lingual character); local. sing. பலனில் *pa'len-il*; locat. plural. பலன்களில் *pa'len-kal-il* u. s. f.

Was das verbum betrift, so hat das Malayalam nur in der poesie personalendungen (Graul, Tamil Gramm. s. 42, anm. 1 und s. 99), ein beweis dafür, dafs sie nicht mit dem stamme zu einer wirklichen worteinheit verbunden sind. Im Indogermanischen ist etwas dergleichen unmöglich. Nur lose an tretende nähere bestimmungen des stammes können so one weiteres hinweg gelafsen werden, nicht aber teile eines wirklichen wortes (so kann im Indogermanischen wol das augment, ein nur an gerüktes adverbium, felen, nimmermer aber in den älteren noch volständiger erhaltenen sprachen dises stammes casus- und personalendung). Auch aufs dem Tamulischen felt es nicht an beispilen diser art; denn Graul fürt (s. 42, § 35, anm. 1) alte tamulische verbalformen one personalendungen an.

Die personalaffixe des Tamulischen sind nichts anderes als die gewönlichen selbstandigen pronomina, die, meist in verkürzter form, an den stamm an treten. Einige formen mögen dils anschaulich machen. Z. b. அது *atu* genauer *athu* (*th* wie im Englischen zu sprechen), nom. sing. des pronom. der dritten person neutrius, it; செய் *sej* eine wurzel, facere bedeutend; இன்ற *kinr* oder *kinḋ* (*r* a gnarling *r*, half dental and half lingual, kann nach ன் *n* als *d* gesprochen werden) bildet den praesensstamm; demnach செய்கின்றது *sej-kinr-atu* it does; அவர்கள் *avar-kal* they, regelmäfsiger plural des pronomens der dritten person, செய்கின்றார்கள் *sej-kinr-ār-kal* they do, in welcher form das als selbständiges wort *avar-kal* lautende pronomen zu *ār-kal* zusammen gezogen ist u. s. w.

Die lose an tretenden pronomina vermögen nicht dise formen zu wirklichen verbalformen zu stempeln und es ist daher volkommen erklärlich, dafs jede derartige so genante verbalform durch die selben postpositionen, wie alle so genanten nomina, decliniert werden kann (Graul a. a. o. § 44 note, pg. 50), wie sie ja auch im pluralzeichen sich nicht von andern worten unterscheiden. Z. b. நடந்தேன் *nata-nt-ēn*, genauer *nadandēn* 'I walked' und 'I who walked' (*nt* ist zeichen des praeteritum); accusativ நடந்தஃ்ஜ *nata-nt-ēn-ei* me who walked; நடந்தான் *nat-nt-ān* he walked (அவன் *aran*, zusammen gezogen *ān*, be); நடந்தானால் *nata-nt-ān-āl* instrumentalis, through him who walked u. s. f. Durch die declinierbarkeit ist der volgiltige beweis dafür gelifert, dafs wir beim Tamulischen im so genanten verbum keine eigentlichen verbalformen vor uns haben, sondern gebilde, die sich in gar nichts von denen unterscheiden, die als nomina zu gelten pflegen.

Die vor den pronominibus, welche die personalendungen ersetzen, stehenden stämme sind als adjectiva (participia) zu fafsen. Mit dem aufslaute *a* erscheinen sie denn auch wirklich als solche, z. b. செய்கின்ற *sej-kinr-a* who or which does u. s. f. Stamme, die als nomina gelten, können in gewissen fällen durch anfügung der tempusexponenten und der pronomina (der personalendungen), sogar durch leztere allein, als so genante verba fungieren (§ 44), während aufser dem die anfügung der personalendungen an die mit keinem tempussuffix bekleidete wurzel das negative verbum bildet (§ 39).

Doch ich übergehe alles einzelne, da die nicht eigentlich verbale natur der so genanten tamulischen verba im vor stehenden zur genüge erwisen ist.

Die blofse wurzel gilt als II. sing. imperativi, wie in so vilen sprachen.

Ergebnis: das Tamulische scheidet nomen und verbum nicht in der lautlichen form.

Jenisseiisch.

Eine in mancher beziehung merkwürdige sprache ist die der Jenissei-Ostjaken oder Jenisseier am Jenissei und seinen nebenflufsen, deren anzal nach Castrén (M. Alex. Castréns Versuch einer Jenissei-ostjakischen und Kottischen Sprachlehre nebst Wörterverzeichnissen. Im Auftrage der Kaiserl. Akademie der Wissensch. herausgegeben von Ant. Schiefner, St. Petersburg 1858), eine nur noch geringe ist. Mit diser sprache namentlich im baue verwant ist die der Kotten, von denen Castrén (s. V) nur noch fünf individuen vor fand. Im folgenden werden wir nur das Jenisseiische berüksichtigen.

Mit recht bemerkt Castrén (s. VI), dafs das Jenisseiische einen von dem der so genanten altaischen sprachen ser verschidenen character habe. Es gehört entschiden nicht in die grofse gruppe von sprachen, die man unter dem namen der ural-altaischen zusammen zu fafsen pflegt. Warscheinlich haben wir in disen eigentümlichen idiomen den rest eines ehemals weiter aufs gebreiteten stammes zu erkennen (Castrén s. V).

Wenn ich das Jenisseiische an diser stelle behandele, so geschiht difs nicht in der überzeugung, als gebüre im seinem baue nach gerade diser platz, denn das wesen diser sprache ist mir noch vil zu wenig klar geworden, um dem Jenisseiischen eine bestimte stufe in der reihe der sprachen an weisen zu können. Überhaupt sind ja in der vor ligenden abhandlung die sprachen nur so ungefär nach irer morphologischen beschaffenheit an geordnet, denn ein streng wifsenschaftliches natürliches system der sprachen ist eine aufgabe der zukunft.

Höchst bemerkenswerth sind in beiden sprachen vocalwechsel im stamme bei der pluralbildung, z. b. *tjip* hund, plur. *tjap* (one pluralendung); *kes* quappe, plur. *kas-n* (mit der gewönlichen pluralendung, vgl. §§ 53. 54 u. vorwort s. IX); kottisch *alsip* hund, plur. *alsap* (one pluralendung); *ich* name, plur. *ek-ń* § 64) u. a. Änliche vereinzelte anklänge an flexion finden sich auch noch sonst, z. b. im Koptischen.

Wir haben difs hauptsächlich aufs dem grunde hier an gefurt, um die trennung diser sprachen von den so genanten altaischen zu rechtfertigen.

Übrigens ist die uns hier beschäftigende frage nach der unterscheidung von verbum und nomen in beziehung auf das Jenisseiische zimlich sicher zu beantworten. Das Jenisseiische kent keine, dem in den indogermanischen sprachen vor ligenden gegensatze von nomen und verbum vergleichbare scheidung diser béiden redeteile.

Für dise behauptung mag folgendes als begründung an geführt werden.

Im Jenissei-ostjakischen gilt der stamm der nomina als nominativ singularis. Dem nominativ kann auch der genitiv und accusativ gleich lauten. Eben so im Kottischen, wo jedoch nominativ und accusativ stäts zusammen fallen.

Vom verbum genügt es hervor zu heben, dafs der plural die auch bei nominibus gewönliche endung zeigt, z. b. I. II. III. sing. *sitägtt* ich reinige, du reinigst, er reinigt; I. II. III. plural. *sitägtt-n* wir reinigen u. s. f. Eben so im praeteritum, z. b. sing. *sitörgtt*, plur. *sitörgtt-n*. Andere verba sondern die personen durch praefixe, die pluralbezeichnung bleibt aber die selbe, z. b.

Singular.

Praesens.   Praeteritum.

I. *dá-gafuot* ich warte   *da-górfuot* ich wartete
II. *ka-gafuot* du wartest   *ka-górfuot* du wartetest
III. *da-gafuot* er wartet   *da-górfuot* er wartete.

Plural.

I. *da-gafuot-n* wir warten   *da-górfuot-n* wir warteten
II. *ka-gafuot-n* ir wartet   *ka-górfuot-n* ir wartetet
III. *da-gafuot-n* sie warten   *da-górfuot-n* sie warteten.

Das vor stehende genügt, um die nicht wesentliche verschidenheit von nomen und verbum auf zu zeigen. Die mannigfache art der verbalstämme diser sprachen, die meist deutlich zusammen gesezt sind, zu erörtern, ist nicht durch die aufgabe geboten, die wir uns gestelt haben.

Wenden wir uns zur betrachtung einiger sprachen des Kaukasus, deren kentnis wir fast aufsschliefslich den forschungen Schiefners zu danken haben.

Thusch.

Die Thusch-sprache ligt in umfaſsender darstelluug vor in Ant. Schiefners Versuch über die Thusch-sprache oder die khistische Mundart in Thuschetien, St. Petersburg 1856. Besonderer Abdruck aus den Mémoires de l'Académie Impériale des Sciences de St. Petersb., Sciences politiques, histoire, philologie T. IX. Mit dem Thusch ist nahe verwant das Tschetschenzische (Ant. Schiefner, tschetschenzische Studien, in den Mémoires de l'Acad. Impériale de St. Petersb. VII* Série, Tome VII, nro. 5; 1864). Es teilt mit dem Thusch den eigentümlichen sprachcharacter, weshalb wir uns bier auf das leztere beschränkon können.

Das Thusch besizt als verbum cino reihe adjectivischer tempusstämme (Schiefner § 298 spricht mit vollem rechte vom 'adjectivischen Character des Verbums' in diser sprache), denen sich die personalpronomina der ersten und zweiten person mer oder minder innig an schliefsen können (§ 177). In den sprachen, in welchen es kein verbum substantivum gibt, pflegen überhaupt die adjectiva mit den verben zusammen zu fallen; es gibt in disen spracben einen redeteil, dem beide beziehungsfunctionen noch ungeschieden zu kommen.

Das was Schiefner das verbum substantivum nent (§§ 82. 208) ist aber offenbar im Thusch nichts anderes, als eine reihe von pronominalstämmen, je nach genus und zal im praesens *wa, ja, ba, da*, tschetschenzisch *wu, ju, bu, du*, im imperfect. *war, jar, bar, dar*, tschetschenzisch *wara, jara, bara, dara* lautend. So sagt man z. b. tschetschenzisch *swo* (ich), *wu* oder *ju* u. s. f. ich bin; *huo wu* u. s. f. du bist etc.

Die personalbezeichnung ist dem so genanten verbum nicht wesentlich und kann da felen, wo das handelnde subject anderweitig bezeichnet ist, z. b. thusch. *nax buḡer* (das) volk rief. Das pronomen steht im Thusch entweder als selbständiges wort vor dem so genanten verbum, oder es steht nach dem selben; in disem falle können die pronomina der I. und II. person mit im verschmelzen. Die pronomina stehen entweder im nominativus oder im instructivus und werden beim anschmelzen an den stamm, welcher die stelle des verbums vertritt, teilweise verkürzt; z. b. *aiɧ-aſ_ro*, nach den lautgesetzen der sprache für *alir aſcho* wir sprachen (*aſcho* wir); *wa-s* ich bin, *wa-ɧ* du bist für *wa so, wa ho;* dagegen im imperfect *war-aso* ich war, *war-aɧo* du warst mit einer volleren form des pronomens (vgl. den instructivus, I. person *as, asa*; II. person *aḣ, aḣa*).

Wie bei dem adjectivum, so wechselt auch bei dem so genanten verbum der anlaut des wortes je nach dem geschlechte, auf das es sich bezieht.

Eine nähere darlegung der formen der Thusch-sprache ist nicht erforderlich. Das mitgeteilte genügt, um das **nichtvorhandensein eigentlicher verba** in dieser sprache zu bezeugen.

Awarisch.

Das Awarische (Ant. Schiefner, Versuch über das Awarische; Mémoires de l'Académie Impér. des Sciences de St. Petersb., VIIe Série, Tome V, nro. 8, St. Petersburg 1862), 'eine der Hauptsprachen Daghestans, welche gewöhnlich auch unter dem Namen der lesghischen bekannt sind' (Schiefner a. a. o. s. 5), 'deren Mittelpunct Chunsag ist' (Schiefner s. 1, 2), stimmt bezüglich der hier in betracht kommenden puncte zum Thusch und zum Tschetschenzischen. Wir haben auch hier eine änliche bezeichnung des geschlechtes am adjectiv, substantiv und verbum (§§ 42, 61—63, 71, 76, 86, 97), z. b. *woḟu* die Liebe, deren Gegenstand ein Mann ist, *joḟu* dagegen eine Liebe, welche sich auf ein Weib, *boḟu* wenn sie sich auf ein anderes Wesen oder Ding bezieht; im Allgemeinen aber heisst die Liebe *roḟu*, da r zur Bezeichnung der Mehrzahl angewandt wird' (s. 11 flg.).

'Beim Verbum kommt die Bezeichnung des Geschlechts und der Zahl in Betracht und geht auf Grundlage des in § 42 Gesagten [nämlich eben so wie bei den adjectiven und substantiven] vor sich. Diese Bezeichnung findet hauptsächlich im Anlaut statt, so dass w, j, b und r bei einem und demselben Zeitwort wechseln, z. B. *wortize, jirtize* [§ 25; *i* steht hier für *o* in folge der wirkung des *j* auf den nachstehenden vocal], *bortize, rortize* fallen' (§ 97, s. 20); *-ze* ist infinitivendung (§ 91).

Die person wird also nicht am verbum bezeichnet, sondern, wenn es sich nötig macht, durch die als selbständige worte bei gesezten personalpronomina ausgedrükt, z. b. *dun bicanani* wenn ich sagte; *mun wacanani* wenn du kämest (§ 105) u. s. f. Adjectiv und verbum fallen also auch hier wesentlich zusammen; da wo es nicht einmal eine bezeichnung der nominativischen person am worte selbst gibt, **kann von verben im indogermanischen sinne gar keine rede sein**.

Imperativ und verbalnomina fallen meist in der form zusammen. z. b. *aki* ruf, rufe (§ 39, s. 11).

Udisch.

Das Udische (Ant. Schiefner, Versuch über die Sprache der Uden; Mémoires de l'Acad. Impér. des Sciences de St. Petersb., VII° Série, Tome VI, nro. 3, St. Petersburg 1863), das jezt nur noch auf zwei dörfer beschränkt ist, scheint, nach Schiefner (s. 8) zu den kaukasischen sprachen zu gehören, obwol es von disen in manchen wesentlichen puncten ab weicht. — Die forschung ist auf dem gebiete solcher sprachen, die keine litteratur haben, aufs dem grunde ser erschwert, weil wir dise sprachen nur in irer allerspätesten, jezt vor ligenden gestalt kennen und dise sich meist bereits weit vom ursprünglichen entfernt hat. Man darf sich daher nicht wundern, wenn über das wesen und die verwantschaftsverhältnisse solcher sprachen bisweilen kaum etwas völlig sicheres zu ermitteln ist.

Auch im Udischen ist kein dem Indogermanischen entsprechender gegensatz von nomen und verbum vorhanden. Der nominativ hat auch hier kein casussuffix (§ 66). Die verbindung der pronomina mit den verbalstämmen, die als eine art participien zu betrachten sind (§§ 104, 108), ist nur lose (§§ 76, 99, 111); das pronomen ist nicht an den verbalstamm gebunden, sondern kann sich auch einem vorher gebenden worte an hängen. So ist also weder dem verbum die personalbezeichnung, noch dem nomen durchweg das casussuffix wesentlich und eine feste worteinheit ist nicht vorhanden. Udische formen, ins Indogermanische übertragen, würden lauten wie z. b. ein *varka-ti ai* für *varkas aiti*, latein. *lupu-t i* für *lupus it*. Wie lose in diser sprache auch die stambildenden elemente an einander hangen, zeigt u. a. der umstand, dafs das praeteritumbildende suffix *i* auch an das personalpronomen vor dem verbum treten kann, anstatt an den stamm des lezteren (§ 127), z. b. *bullei qecexa* der kopf schmerzte, für *bulle qecneerai; bul* bedeutet kopf; *ne* ist 'er' beim verbum (§ 77), das n assimiliert sich dem auslaute des vorher gehenden wortes nach *t, d, r, l* (§ 24), demnach steht *balle* für *bul-ne* 'kopf er'; *i* ist das suffix des praeteritum; *qec* schmerz; *exa* (§ 102) ist ein praesentialer verbalstamm, der ser vil in zusammensetzung gebraucht wird 'machen, sagen' bedeutend (§§ 88, 123); demnach ist *qec-exa* 'schmerz machend', also *bullei qacexa* 'kopf-er-einst schmerz-machend', *bulle qac-ne-exa-i* 'kopf-er schmerz-er-machend-einst'.

Schon aufs diser losen aneinanderreihung der elemente, die zu einem worte zusammen gefügt werden, ergibt sich ein sprachcharacter, der von dem des Indogermanischen weit ab steht und bei welchem ein sondern der nicht zu unzertrenbaren wortkörpern entwickelten nomina und verba nicht statt findet. Was eigentlich des verbums ist, wie im oben an gefürten beispile *ne* und *i*, das sehen wir also auch am nomen, wodurch eben der gegensatz in der lautlichen form zwischen disen beiden redeteilen verwischt wird.

Abchasisch.

Eine höchst merkwürdige sprache ist das Abchasische (Ausführlicher Bericht über des Generals Baron Peter von Uslar Abchasische Studien. Von A. Schiefner. Mémoires de l'Académie etc. Tome VI, nro. 12, St. Petersburg 1863). Für phonologische studien beut dise sprache durch die ir eigenen absonderlichen laute reiches material; auch in morphologischer beziehung ist sie von grofsem interesse.

Das verbum, d. h. das, was man so zu nennen pflegt, ist hier in der weise entwickelt, welche den so genanten einverleibenden sprachen eigen ist; das object u. s. f., so wie das, was in unseren sprachen durch conjunctionen aufs gedrükt wird, findet im Abchasischen seinen aufsdruck am so genanten verbum. Dabei ist es dennoch nicht zu einer der indogermanischen art und weise vergleichbaren gegensäzlichen entwickelung von verbum und nomen gekommen. Die pronominalpraefixe oder pronominalinfixe (als infixe treten die pronomina bei stämmen auf, die aller warscheinlichkeit nach zusammen gesezt sind; vgl. s. VIII), die am nomen als possessiva, am verbum als bezeichnung des subjects und des objects fungieren (§ 9 flg.), sind bei beiden wortarten wesentlich die selben. Z. b. *s-ab* oder *s-ara s-ab* (ego meus-pater) mein vater; *sy-ǵny* (*y* ist eine art hilfsvocal) oder *s-ara sy-ǵny* mein haus; *b-ab* oder *b-ara b-ab* dein (femininum) vater; *by-b-ǵny* dein (femin.) haus u. s. f., unterscheiden sich irer form und ihrem wesen nach nicht von *s-ara sy-qoup* ich bin (wörtlich etwa: ich mein-dasein), *sy-qan* ich war; *sy-bzian* ich war gut; *sy-bziamynda* ich möchte nicht gut sein u. s. f.; *b-ara by-qoup* du (weib) bist; *b-ara by-bzioup* du bist gut u. s. f.

Allerdings ist nicht in abrede zu stellen, dafs dergleichen übereinstimmung zwischen nominal- und verbalformen nicht durchweg statt findet und dafs durch den bestimten und den unbestimten artikel (§ 53) auch im nominativ singularis das nomen sich vom verbum unterscheidet. Ein durch greifender gegensatz beider redeteile ist aber nicht vorhanden.

Georgisch.

Für das Georgische sind meine studienhilfsmittel: Dictionnaire Géorgien-russe-français, composé par David Tchoubinof, St. Petersb. 1840 (difs wörterbuch enthält auch eine kurze grammatik) und Краткая Грузинская грамматика ,Д. Чубинова, Санктп. 1855.

Leider hat es mir nicht gelingen wollen, mir auch nur so weit einsicht in das wesen der georgischen sprache zu verschaffen, um die in diser abhandlung untersuchte frage in bezug auf dise sprache beantworten zu können. Der grund davon ist keinesweges in der unzulänglichkeit meiner quellen zu suchen, denn die oben genanten werke ermöglichen eine volkommen aufs reichende anschauung und kentnis der sprache; er ligt vilmer im wesen diser sprache selbst. Es scheint mir nämlich das Georgische eine bereits stark von der ursprünglichen beschaffenheit ab gewichene sprache zu sein, so dafs ir gegenüber der sprachforscher sich in einer änlichen lage befindet, als wenn er etwa aufs dem Englischen oder Französischen, wie es jezt ist, und zwar aufs einer phonetischen darstellung diser sprachen — das Georgische hat keine historische schreibung, wie die beiden genanten indogermanischen sprachen — einsicht in das wesen des Indogermanischen gewinnen wolte. Ich bin nicht im stande, die georgischen worte in ire elemente zu zerlegen und den ursprung diser elemente zu ermitteln. Hätten wir dise formenreiche sprache aufs einer beträchtlich früheren, altertümlicheren lebensperiode vor uns, dann wäre wol eher eine einsicht in iren bau und ire entwickelung möglich.

Um dem leser wenigstens einiger mafsen die hier der forschung entgegen tretenden schwirigkeiten anschaulich zu machen und weil leicht zugängliche hilfsmittel für das studium diser sprache, in welchen das georgische alphabet in lateinische schrift um gesezt ist, nicht vorhanden sind, teile ich einiges aufs der georgischen declination und conjugation hier mit. Auch glaube ich, dafs die blofse anschauung diser formen genügt, um die völlige verschidenheit des Georgischen vom Indogermanischen dar zu tun. Friedr. Müller (Orient und Occident II, 526 — 535) stelt mit recht den zusammenhang der kaukasischen sprachen mit den indogermanischen in abrede, wärend bekantlich von namhaften gelerten das gegenteil behauptet wird (vgl. z. b. Brossets vorrede zu Tschubinovs wörterbuch). Die georgischen worte habe ich, so gut als es gehen wolte, in lateinische schrift umgeschriben, dabei aber, um drukschwirigkeiten zu vermeiden, mich nicht gescheut, ein einziges zeichen der georgischen schrift durch zwei oder sogar drei lateinische buchstaben wider zu geben. Auf solche fälle habe ich jedoch da, wo sie zuerst vor kommen, aufmerksam gemacht.

Declination eines substantivs.

	Singular.	Plural I.	Plural II.
nomin.	*katsi* (*ts* ein zeichen) mensch	*katsni*	*katsebi*
genit.	*katsa*	*katstha* (*th* ein zeichen)	*katsebisa*
dativ	*katsa*	*katstha*	*katsebsa*
vocativ	*katso*	*katsno*	*katsebo*
instr. I.	*katsitha*	felt	*katsebitha*
instr. II.	*katsad*	felt	*katsebad*
ortsgenitiv	*katsisas*	*katsthasa*	*katsebisas*
erzälungs- nomin.	*katsman*	felt	*katschman*.

Es wird bemerkt (s. 6), dafs der genitiv oft noch die endungen anderer casus erhalte und dafs sich anch pluralbildungen auf -*ebni* und -*nebi* finden. Difs scheint eine verbindung der beiden pluralbildungen auf -*ni* und -*ebi* zu sein. Die beiden pluralbildungen mögen gleiche function haben, wenigstens gibt Tschubinov keinen functionsunterschid an.

In den formen *katstha* genit. dat. pluralis, *katsthasa* ortsgenitiv pluralis, scheint *tha* den genitiv, der ja auch im singular und im zweiten plural mit dem dativ fast gleich lautend ist, zu bezeichnen; im so genanten ortsgenitiv ist an dises *tha* noch *sa* getreten, wie im ortsgenitiv des singulars und des zweiten plurals an den genitiv auf -*sa* ein *s* (wol aufs *sa* gekürzt) tritt. Dann felt aber in disen formen *kats-tha* und *kats-tha-sa* die bezeichnung des plurals. Fast vermute ich, dafs in disen casus ein pluralzeichen *th* mit dem auf das selbe folgenden casuszeichen *tha* verschmolzen sei; vgl. die I. und II. person pluralis (in manchen formen auch III. pluralis) auf -*th* (Friedr. Müller, Or. u. Occ. II, s. 533) fürt die pluralformen *ama-th* jene, *ima-th* dise an, welche meine vermutung nicht wenig stützen würden; ich weifs dise formen jedoch aufs Tschubinov nicht zu belegen).

Von den pronominibus erwähne ich *me* ich, genit. *tschemi* (*tsch* ein zeichen), dat. *tschemda*, instr. I *tschemith*, instr. II *tschemad*; *tschren* wir, genit. *tschveni*, dat. *tschvenda*, instr. I *tschrenitha*, instr. II *tschrenad*; *schen* (*sch* ein zeichen), du, genit. *scheni* u. s. f.; *thkhven* (*kh* ein zeichen) ir, genit. *thkhveni* u. s. f. Die nominativformen beider zalen werden ser oft auch anstatt der obliqui gebraucht. Ferner *man* er, genit. *mis*, dat. *mas* u. s. f.; *is*, *igi* er, sie (plural *isini*, *igini*); *ese*, *am* celui-ci, celle-ci; *ege* celui-là, celle-là; *vin* wer, genit. *vis*, dat. *visa* u. s. f.; *ra* was, gen. dat. *risa* u. s. f.

Das verbum hat, nach art der so genanten ein verleihenden sprachen, vile formen, indem es aufser dem subject auch das accusativische und dativische object an deuten kann; z. b. *vhltser* (*tts* ein zeichen) ich schreibe (das futurum indicativi hat die selbe form; das praesens von verben, die mit praepositionen zusammen gesezt sind, fungiert als futurum, z. b. *davhsltser* ich werde schreiben), *vhsltser* ich schreibe etwas (s. 17, § 13), *viltser* ich schreibe für mich, *vultser* ich schreibe für in, *viltserebi* und *veltserebi* ich werde geschrieben (намусь), *mltser* du schreibst mir, *miltser* du schreibst für mich, *maltser* du schreibst, adressierst, an mich (надписываешь на меня), *meltserebi* du schreibst mich; *raltserineb* ich lafse schreiben, *viltserineb* ich lafse für mich schreiben, *vultserineb* ich lafse für in schreiben, *miltserineb* du läfst für mich schreiben; ja sogar doppelte causativa finden sich, so *valtserinebineb* ich lafse einen (jemand) zum schreiben veranlafsen, *riltserinebineb* ich lafse für mich einen zum schreiben veranlafsen.

Verbalsubstantiv (das von den grammatikern als verbalstamm den übrigen formen zu grunde gelegt wird) ist *ltsera* schreiben; participium praesent. act. *mltsereli*, *mltseri* schreibend; participium praeteriti pass. *ltserili* geschrieben.

Als beispil für die abwandlung nach zeiten, modus und personen diene folgendes.

Indicativ.

Singular.
I. vhitsser scribo — vhsttserdi scribebam
II. hsttser scribis — hsttserdi scribebas
III. hsttsers scribit. — hsttserds, hsttserdis scribebat.

Plural.
I. vhsttserth — vhstterdith
II. hsttserth — hsttserdith
III. hsttseren. — hsttserdnen, hsttserdian, -dnian.

Singular.
I. vhsttsere scripsi — mittseria, mittseries scripseram
II. hsttsere — gittseria, -ries
III. hsttsera, hsttseris. — uttseria, -ries.

Plural.
I. vhsttsereth — gvittseriath, -riesth
II. hsttsereth — gittseriath, -riesth
III. hsttseren. — uttsrriath, -riesth.

Conditional (условное наклонение).

| Praesens. | Perfectum. |

Singular.
I. vhsttserde wenn ich schribe — mettsera wenn ich geschrieben hätte
II. hsttserde — gettsera
III. hsttserdes. — ettsera.

Plural.
I. vhsttserdeth — grettserath
II. hsttserdeth — gettserath
III. hsttserden. — ettserath.

Plusquamperfectum. — Futurum.

Singular.
I. mettseros wenn ich geschr. hätte — vhsttsero wenn ich schreiben werde
II. gettseros — hsttsero
III. ettseros. — hsttseros.

Plural.
I. grettserosth — vhsttseroth
II. gettserosth — hsttseroth
III. ettscrosth. — hsttseron.

Im imperativ ist die II. sing. = der II. sing. indic. perfecti; die III. sing. = III. sing. condition. futuri; II. plur. = II. plur. indic. perfecti; III. plur. = III. plur. condition. futuri. Auch die übrigen formen des imperativs bieten kein weiteres interesse.

Ich lafse noch zwei mer oder minder ab weichende praesensformen folgen.

Indicativ.

Singular.

I. *var* ich bin (s. 42)   *ral* ich gehe
II. *char* du bist (*ch* ein zeichen) *chral* du gehst
III. *ars* er ist   *vals* er geht.

Plural.

I. *varth* wir sind   *valth* wir gehen
II. *charth* ir seit   *chralth* ir geht
III. *arian*, *arn* sie sind   *vlen*, *vlenan* sie gehen.

Als verbalsubstantiv zu lezterem gilt *vla*, *srla* (s. 40).

Von disen formen ist mir nur so vil deutlich, dafs in der I. und II. pluralis, im conditionalis perfecti und plusquamperfecti auch in der III. pluralis, -*th* als pluralzeichen fungiert. Es schin uns oben warscheinlich, in einigen casus das selbe pluralzeichen auch für die nomina voraufs zu setzen.

Die personalbezeichnung ist mir aber rätselhaft. Man vergleiche die abwandlung des praesens indicativi von *User* schreiben mit der von *ar* sein, *vl* gehen und ferner mit der des plusquamperfectum indicativi und des perfectum und plusquamperfectum conditionalis und dise sämtlichen formen mit den selbständigen pronominibus und man wird mir gewis zu gute halten, wenn ich, angesichts diser sprachlichen facta, auf jeglichen deutungsversuch verzichte.

Zur bequemlichkeit des lesers lafse ich dise zusammenstellung hier folgen. Das was sicher als wurzel oder stamm erkenbar ist, ist, der leichteren übersicht wegen, mit kleinerer schrift gesezt.

Praesens. Plusqperf. Perf. cond. Praes. ind. Pronomen.

Singular.

I. *rhauser*   *mitteeria*   *metteera*   *var*   *me*, in and. cass. *tochem*
II. *hauser*   *gitteeria*   *getteera*   *char* *schen*
III. *hausers* *titteeria*   *etteera*   *ars*   *ese*, *is*

Plural.

I. *rhauorth*	*gvittseriath*	*greusorath*	*rorth*	*tschren*
II. *hauorth*	*yiuseriath*	*getuseralh*	*charth*	*thkhren*
III. *hauerren*	*uuscrialh*	*euseralh*	*arian*	Vergl. das pluralzeichen
				-*ni*, *th*?

Baskisch.

Die mir zu gebote stehenden hilfsmittel für das studium der baskischen sprache verstatten keine genügende einsicht in den bau des baskischen wortes (Larramendi, el imposible vencido. Arte de la lengua Basconguda. Nueva edicion por Pio Znazua, San Sebastian 1853, lert keineswegs die zerlegung des wortes in seine elemente; Mahn, Denkmäler der Baskischen Sprache. Mit einer Einleitung u. s. f., Berlin 1857, fürt durchaufs nicht weiter in der erkentnis, als bereits W. von Humboldt gelangt war in seinen Berichtigungen und Zusätzen zum Mithridates, Berl. 1817. Nur aufs der letzgenanten abhandlung vermochte ich in betreff des baues der baskischen sprache etwas zu lernen).

Der so genante einverleibende sprachbau, d. h. die bezeichnung des objects, auch der nebenher betroffenen und der an geredeten person am verbum, scheint allerdings sofort einen notwendigen gegensatz von verbum und nomen zu bedingen. Dafs jedoch durch die einverleibung keinesweges eine dem im Indogermanischen vorhandenen unterschide von nomen und verbum entsprechende scheidung diser beiden redeteile herbei gefürt werde, haben wir oben bei gelegenheit des Magyarischen (s. 525) bereits erörtert. Und so scheinen denn auch einige specielle züge des baskischen verbums dar zu tun, dafs auch in diser sprache eine völlig durch gefürte scheidung von nomen und verbum nicht vorhanden ist. Freilich kann ich nur ser weniges zur begründung diser vermutung bei bringen, weil ich, wie gesagt, vom Baskischen überhaupt nur ser wenig weifs.

Die dem indogermanischen verbum wesentliche personalbezeichnung felt auch im Baskischen in der dritten person singularis. Wir kennen bereits dise erscheinung und wissen, was sie zu bedeuten hat. W. v. Humboldt sagt: 'die III. Pers. Sing. Nomin. wird niemals ausgedrückt, sondern zeigt sich durch die Abwesenheit eines Kenubuchstabens an'. Da nun auch das an geredete masculinum one bezeichnung bleibt, so besteht z. b. *il au 'er hat dich getötet o mann*', nur aufs den beiden verbalwurzeln *il* töten, *an* wurzel des so genanten verbum auxiliare (v. Humb. in der tabelle s. 58 des sonderabdruckes). Da es gerade die dritte person ist, welche auch in andern sprachen mit nicht entwickelter scheidung von nomen und verbum one bezeichnung der person bleibt, so haben wir auch im Baskischen kein recht, den verlust einer einst vorhandenen lautlichen bezeichnung diser person voraufs zu setzen.

Ferner scheint ein beweis für die nicht rein verbale natur der baskischen verbalformen darin zu ligen, dafs 'jede Person eines Verbi in jeder Zeit, jedem Modus und jeder Conjugation, mithin jede Modification einer Handlung, durch blofse Hinzufugung eines *n* am Ende des flectirten Auxiliars in ein Participium verwandelt werden kann' (von Humb. s. 61). In disem *n* vermutet von Humboldt wol mit recht die postposition *an, en* (sie bezeichnet den locativ, Larramendi cap. IX, s. 173; z. b. *Cadiz-en* en Cadiz u. s. f.). Das von W. von Humboldt aufs einem wigenliede an geführte beispil eines solchen angeblichen participiums bestätigt nur dise vermutung. Es lautet *guradozun egunen baten* eines tages, wo du es wilst; hier ist *guradozu-n* deutlich locativ von *gura-dozu* 'du wilst es' (*gura* wollen, *d* es, *o* tun, *zu* du; wollen-es-tust-du, warscheinlich eigentlich du-es-wollen-tuend, locativ also: in-deinem-es-wollen-tuenden), wie *egunen* locativ zu *eguna* tag, *baten* locativ zu *bat* einer, eine, eines; die worte *guradozun egunen baten* scheinen also so vil zu bedeuten als 'an einem du-es-wollen-tuenden tage'. Verbalformen aber, die postpositionen an nemen, d. h. die decliniert worden können, sind unmöglich verbalformen im indogermanischen sinne, sondern in irem wesen von nominalformen noch nicht gescbiden. Man denke sich nur etwa ein altindisches *bháranti-su = griech. *γεροντι-σι od. *γεροσι-σι, locat. plur. zu *bháranti* = *φεροντι, φεροσι*, um sofort die völlige unverträglichkeit von verbalformen mit casusendungen zu empfinden.

Creo.

Leider stehen mir für die sprachen der neuen welt, deren bau bekantlich an den des Baskischen erinnert, keine aufs reichenden hilfsmittel zu gebote. Meine adversarien bieten mer oder minder aufs gedente aufszüge aufs Du Ponceau, Mémoire sur le systéme grammatical des langues de quelques nations Indiennes de l'Amérique du Nord,

Paris 1838 u. aufs Grammar of the Lenni Lenape or Delaware Indians by D. Zeisberger, transl. with preface etc. by Du Ponceau, Philadelphia 1827. Dise beiden schriften halfen mir so gut als nichts. Mer genützt hat mir, one jedoch klare einsicht zu ermöglichen Howse, a Grammar of the Cree language with which is combined an analysis of the Chippeway dialect, London 1844.

Bekantlich verschlingt in disen sprachen das so genante verbum den satz mer oder minder in sich, so dafs das, was aufser dem verbum im satze steht, nur apposition zu dem bereits im verbum aufs gedrükten ist (z. b. im Cree: er, sou-seiu, ich sehe-in-den-seinen, d. h. ich sehe seinen son). Hieraufs schon folgt, dafs in disen sprachen ein ganz anderes verhältnis von nomen und verbum ob walten mufs, als im Indogermanischen. Aber auch in der form ist nomen und verbum nicht, oder doch wenigstens nicht principiell geschiden. Es genügt ein heispil, um difs fürs Cree anschaulich zu machen.

Singular.

I. *n-ootáwee* mein vater   *ne ketoon* ich spreche
II. *k-ootáwee* dein vater   *ke ketoon* du sprichst
III. *ootáwee* sein vater   *ketoo* er spricht.

Plural.

I. u. III. *n-ootáwee-nan* unser (erste u. dritte person) vater   *ne ketoon-nau* wir (I. III.) sprechen

I. u. II. *k-ootáwee-now* unser (erste u. zweite person) vater   *ke ketoon-ànow* wir (I. II.) sprechen

II. *k-ootáwee-oowow* euer vater   *ke ketoon-owów* ir sprecht
III. *ootáwee-oowow* ir vater   *ketoo-wûk* sie sprechen.

Man siht, zwischen den possessiven aufsdrucken am nomen und der personalbezeichnung am verbum ist kein wesentlicher unterschid, so dafs also ein *ne ketoon* ich spreche wol als 'mein sprechen' zu fafsen ist. Das selbe findet nun auch in andern sprachen Americas statt. Es ist hier zu keinem gegensatze zwischen verbal- und nominalformen in der lautlichen gestaltung der selben gekommen.

Tscherokesisch.

Es ligt mir vor: Kurze Grammatik der Tscherokesischen Sprache von H. C. von der Gabelentz in Höfers Zeitschrift für die Wissenschaft der Sprache, Greifswald 1851, III, 255—300.

Das substantivum unterscheidet in diser sprache höchstens singular und plural, nicht aber die casus.

Fast sämtliche adjectiva werden als so genante verba behandelt.

An personalpronominibus gibt es nur die unveränderlichen *ayr* (r bedeutet einen laut, der dem des französischen *un* gleich komt, also nasales englisches *u*, wie es in *but* gesprochen wird) ich, wir; *uchi*, du, ir. Außerdem einige ebenfals indeclinable demonstrativa: *na*, *nani* oder *nasgi* jener; *kia* diser. Alles übrige stekt im so genanten verbum und in den, wie wir gleich sehen werden, von den verbalen formen nicht verschidenen possessiven nominalbildungen.

Wir haben hier nämlich die selbe erscheinung vor uns, wie im Cree; die einfache conjugation und die possessivformen sind identisch. Man vergleiche:

Singular.

I. *tsinelung* mein haus *dsinega**) ich spreche
II. *kinelung* dein haus *kinega* du sprichst
III,a. *kanelung* sein (des gegen- *kanega* er spricht.
wärtigen) haus
III,b. *kanelung* sein (des abwesen-
den) haus

Dual.

I. II. *ininelung* dein u. mein haus *ininega* wir (ich und du) sprechen
I. III. *astinelung* sein u. mein haus *ondinega**) wir (ich u. er) sprechen
II. *istinelung* euer haus *sdinega* ir beide sprecht
III, a. *taninelung* ir (der beiden ge-
genwärtigen) haus
III, b. *aninelung* ir (der beiden ab- *aninega* sie beide sprechen.
wesenden) haus

Plural.

I. sg. u. II. pl. *itinelung* euer u. mein *idinega* wir (ich und ir) sprechen
haus
I. sg. u. III. pl. *atsinelung* ir u. mein *odsinega* wir (ich und sie) sprechen
haus
II. *itsinelung* euer haus *idsinega* ir sprecht
III. a. *taninelang* ir (gegenw.) haus
III. b. *aninelung* ir (abwes.) haus *aninega* sie sprechen.

---

*) Über den wechsel von *t* und *d* und änliche schwankungen bemerkt der verf.

Eben so geht *kanegoi* er spricht gewönlich, *kanegvgi* er sprach (he was speaking) in meiner gegenwart oder nach meiner eigenen warnemung, *kanegei* er sprach ohne meine eigene warnemung, *kanegesdi* he will be speaking, *kanegri* sein sprechen.

Ferner vergleiche man:

Singular.

I.	*akinawi* mein herz	*ayinedxe* ich habe gesprochen
II.	*tsanawi* doin herz	*dsanedsv* du hast gesprochen
III, a.	*tunawi* sein (gegenw.) herz	
III, b.	*unawi* sein (abwes.) herz	*unedsv* er hat gesprochen.

Dual.

I. u. II.	*kininawi* dein u. mein herz	*gininedsv* wir (du und ich) haben gesprochen
I. u. III.	*akininawi* sein u. mein herz	*ogininedsv* wir (er und ich) haben gesprochen
II.	*stinawi* euer herz	*sdinedsv* ir habt gesprochen
III, a.	*tuuinawi* ir (der gegenw.) herz	
III, b.	*nninawi* ir (abwes.) herz	*uninedsv* sie haben gesprochen.

Plural.

I. u. II. pl.	*ikinawi* euer und mein herz	*iginedsv* wir (ir und ich) haben gesprochen
I. u. III. pl.	*akinawi* ir und mein herz	*oginedsv* wir (sie und ich) haben gesprochen
II.	*itsinawi* euer herz	*idsinedv* ir habt gesprochen
III.	wie im dualis.	

Eben so gehen sechs modificationen, wie *tnedsoi*, *unedsvgi* u. s. f.

Der unterschid der possessivformen im ersten beispile von denen im zweiten, so wie die sonderung der einzelnen elemente und *ir* ursprung haben mich bei diser und bei andern Indianersprachen Americas schon mehrfach beschäftigt, one dafs ich zu einem irgend wie genügenden ergebnisse gelangt wäre.

Man vergleiche ferner:

---

s. 159, dafs sie sich auf einen wechsel in der aussprache und dadurch bedingte verschidenartigkeit seiner quellen gründen.

Singular.	Plural.
tlukung baum	*detlukung* bäume
kutusi berg	*dikutusi* berge
equoni flufs	*tsequoni* flufse
tsatota dein vater	*ditsatota* deine väter
utota sein vater	*tsutota* seine väter
katitoti ich bediene mich eines löffels	*dekatitoti* ich bediene mich mererer leffel
tsigowati ich sehe ein ding	*detsigowati* ich sehe merere dinge
tsistigi ich efse ein ding	*detsistigi* ich efse merere dinge

u. s. f.

In die verwirrende fülle der so genanten transitionen wollen wir nicht versuchen ein zu dringen, zumal da das im bisherigen vor gelegte genügt, um zu beweisen, dafs verbum und nomen auch hier in der form nicht gesondert sind.

Ein verbum 'sein' gibt es nicht (s. 298).

Demnach komt es in diser sprache nicht zu eigentlichen verben, trotz bildungen wie *sisitotigeginaliskolrtanonelitisesti* sie werden zu jener zeit zimlich auf gehört haben dich und mich aufs der ferne zu begünstigen (s. 260).

Dakota.

Grammatik der Dakota-Sprache von H. C. von der Gabelentz. Auch unter dem titel: Beiträge zur Sprachenkunde, zweites Heft, Lpz. 1852.

Keine declination. Plural, mit beschränktem gebrauche, auf *-pi*. Bestimter artikel *kin, cin*, unbestimter *wan* (vgl. *wanja* zalwort für 1), als selbständige worte nach gesezt.

Verbum one bezeichnung der dritten person. Das pluralzeichen am verbum ist das selbe wie an den nominibus. Jedoch haben die I. und II. sing. eigentümliche personalpraefixa. Z. b.

Singular.

I. *wa-ni* ich lebe   *mi oie* mein wort   *miye* ich
II. *ya-ni* du lebst   *ni oie* dein wort   *niye* du
III. *ni* er lebt.

Plural.

I. *on-ni-pi* wir leben   *onk-oran-pi* unsere werke   *onkiye* wir
II. *ya-ni-pi* ir lebt   *ni oran-pi* euere werke   *niye-pi* ir
III. *ni-pi* sie leben.

Nur in der besonderheit der personalbezeichnung der I. II. sing. ligt ein schwacher ansatz zur scheidung von verbal- und nominalformen vor; denn *on-* der I. plur. ist offenbar blofse vorkürzung von *onk-*, das auch wirklich vor vocalen steht, z. b. *opa* er ist da, *onk-opa-pi* wir sind da; die II. plur. ist der auf nominale art gebildete pluralis der II. sing. Das blofse verbum kann auch als participium fungieren (§ 32). Die 'transitionen' bestehen in einfacher beifügung pronominaler elemente zu dem so genanten verbum, z. b. *qu, ču* (*č* vertritt ein *q* nach *i, e*) geben, davon:

ma-qu er gibt mich oder mir (*qu* er gibt),
ni-qu er gibt dich oder dir,
ma-qu-pi sie geben mich oder mir (*qu-pi* sie geben),
ni-qu-pi sie geben dich oder dir,
on-qu-pi er gibt uns, aber auch 'sie geben uns',
wa-ki-ču ich gebe in oder im (*wa-ku* ich gebe),
on-ni-ču-pi wir geben in oder im (*on-ku-pi* wir geben).

In die von nominibus nicht unterschiedenen so genanten verba (wie *qu* er gibt, *qu-pi* sie geben u. s. f.) komt durch die transitionen nichts specifisch verbales.

Also auch hier keine trennung von nomen und verbum.

Grönländisch.

Für andere amerikanische sprachen kann ich nur aufs secundären quellen schepfen. Das Grönländische und das Mexicanische behandelt Steinthal (Characteristik der hauptsächlichsten Typen des Sprachbaues, Berlin 1860); das erstere nach Kleinschmidts grammatik der grönländischen sprache mit theilweisem einschlufs des Labradordialects, Berlin 1851, das leztere nach mir nicht bekanten quellen.

Von dem über das Grönländische bei Steinthal mit geteilten heben wir folgendes aufs: 'Es bekleidet — — auch beim Indicativ das Verbum mit einem Moduscharacter. Dagegen versäumt auch die grönländische Sprache das wichtigste, nämlich die dritte Person als Subject durch einen Personal-Character zu bezeichnen. Der Stamm also mit dem Modus-Character ist zugleich die 3. Pers. Sing. und der Dual und Plural entstehen durch Abwandlung des Sing. nach Weise der Nomina' (s. 224).

Vgl. hierzu das so eben aufs andern sprachen Nordamericas mit geteilte. Demnach wird im Grönlandischen eben so wenig nomen und verbum geschiden, als in jenen.

Mexicanisch.

Über das Mexicanische mag man bei Steinthal (Characteristik etc. s. 202 flgg.) nach lesen. Ich hebe nur das nötigste hier aufs, um dar zu tun, dafs auch im Mexicanischen eine scheidung von nomen und verbum in der lautlichen form nicht besteht. S. 216: 'Dafs die 3. Person des Verbums kein Präfix hat, ist ein böses Zeichen. Dazu kommt, dafs der Plural des Verbums gerade so gebildet wird, wie der des Nomens: *nemí* er lebt, *nemí* sie leben.

Dies weist darauf hin, dafs *ni-nemi, ti-nemi* nur so viel heifst, wie: ich Lebender, du Lebender. So sagt man ja auch *ne ni-tlátlakoani* ich ich-Sünder.

Daher hat es auch nichts Auffallendes mehr, dafs alle Nomina jene Prädicats-Präfixe erhalten können [eine erscheinung, die wir bereits kennen, vgl. z. b. das Jakutische s. 540 f.]: *ni kwalli*, eigentlich: ich gut, ich bin gut; *ti-kwalli* du (bist) gut, *kwalli* er (ist) gut u. s. f.

Die so genante einverleibung vermag nicht dise nichtunterscheidung von nomen und verbum zu beheben, denn auch ein nomen kann ja active function haben; ein *ni-naka-kwa* (*naka-tl*, in zusammensetzung zu *naka* gekürzt, fleisch; *kwa* efsen) ich-fleisch-efse, ich efse fleisch, ist von dem oben an gefürten *ni-nemi* ich lebe, *ni-kwalli* ich bin gut nicht wesentlich verschiden; wir haben es etwa als 'ich-fleisch efsender' zu fafsen. Wenn Steinthal (s. 218) dem Mexicanischen 'wahrhafte Verba' ab spricht, so können wir im hierin nur bei pflichten.

Mit dem vor stehenden mufs ich es in betreff der sprachen Americas sein bewenden lafsen. Hoffentlich läfst sich einmal ein anderer fachgenofse herbei, die zalreichen mir unzugänglichen sprachen auf den hier in betracht kommenden punct einer untersuchung zu unterwerfen.

Südafricanische (Bántu) sprachen.

Von den sprachen Africas (aufser dem Koptischen und Nama) stehen mir nur für einige der so genanten südafricanischen sprachen, der Bā-ntu Family Bleeks (The library of his Excellency Sir George Grey. Philology. Africa. Vol. I, Part II, London u. Leipzig 1858), hilfsmittel zur verfügung, nämlich für das Zulu, das nach Bleek zur South-African Division, South-Eastern-Branch, Kafir Species der Bántu Family gehört, für das Hereró, nach Bleek South-African Division, South-Western Branch, Southern Portion der Bántu Family, und für das Yoruba, West-African Division, Niger Branch der Bántu Family. Für das Zulu ligen mir aufsfürliche abschriften vor, die ich aufs dem Journal of the American oriental Society, Vol. I, New-York and London, gemacht habe, und zwar von folgenden abschnitten: 1) The Zulu language by Rev. James C. Bryant und 2) The Zulu and other dialects of southern Africa by Rev. Lewis Grout. Meine aufszüge aufs A Grammar of the Mpongwe language with vocabularies by the Missionaries of the A. B. C. F. M. Gaboon Mission, Western Africa, New-York 1847 — das Mpougwe steht nach Bleeks tabelle dem Hereró nahe — so wie aufs Riis, Elemente des Akwapimdialects der Odschisprache, Basel 1853 — das Odschi gehört nach Bleek, wie das Yoruba, zur West-African Division der Bántu-sprachen — sind zu kurz gehalten, als dafs ich sie hier verwerten könte. Auch genügt es ja hier nur einige vertreter der grofsen Bántu-Family in betracht zu ziehen, die übrigen sprachen dises stammes werden sich schwerlich in dem hier besprochenen puncte anders gestaltet haben. Für das Hereró benütze ich: Grundzüge einer Grammatik des Hereró (im westlichen Africa) mit einem Wörterbuche von C. Hugo Hahn. Berlin 1857; für das Yoruba besitze ich: Grammar and Dictionary of the Yoruba language etc. by the Rev. T. J. Bowen. Washington City: Published by the Smithsonian Institution 1858.

Zulu.

Im Zulu tritt an den stamm des verbunis selbst keine personbezeichnung. Vor den selben treten die pronomina, in meinen vorlagen als selbständige worte geschriben; mit den nominalstämmen werden sie jedoch zusammen geschriben. Bekantlich hat das Zulu, wie die mir bekanten andern Bántusprachen ebenfals, eine grofse anzal pronomina der dritten person, da dise sprachen, so zu sagen, mer grammatische genera unterscheiden als wir und für jedes genus ein besonderes pronomen der dritten person besitzen, das den nnminibus praefigiert wird; z. b. *i-kashi* pferd, *um-fana* knabe, *u-dade* schwester, *in-to* ding, *uku-hla* narung u. s. f. Nur im vocativ wird das pronomen nicht gesezt. An disen pronominibus erscheinen, wie beim nomen die casus, so beim verbum modus und tempus, doch beides keinesweges aufsschliefslich, sondern es treten bisweilen auch am aufslaute der stämme abwandlungen ein.

Ein wesentlicher unterschid von nomen und verbum hat sich jedoch nicht entwickelt. Hierfür einige belege.

Die tempusstämme des praesens und des perfects werden zugleich als participien auf geführt; *gi tanda* wird sowol übersezt mit I love als mit I loving; eben so II. sing. *u tanda*, I. plur. *si tanda*, II. plur. *ni tanda*. Des gleichen im perfectum; z. b. I. sing. *gi tandile* ist sowol verbum als participium. Dafs das praesens oft ein so genantes hilfsverbum an nimt, z. b. *gi ya tanda* ich liebe, wörtlich 'ich gehend liebend', ist unwesentlich. Schon hier haben wir also formen, die nominale und verbale natur in sich vereinigen.

In satzen wie *izi-nyoni zi ya kala* oder *zi kala* the birds sing, wörtlich 'die-vögel die gehend singend' oder 'die singend', unterscheidet sich das nomen *izi-nyoni* vom so genanten verbum *zi ya kala* oder *zi kala* (dise worte als eins gefafst, was sie jedoch nicht zu sein scheinen) nur durch eine vollere form des pronomens *izi* und durch die nichttrennung des selben vom folgenden worte; ein unterschid, der sich doch keinesweges dem im Indogermanischen vorhandenen gegensatze von nomen und verbum vergleichen läfst.

Das praedicative adjectiv hat eben so, wie das so genante verbum, das wir ja bereits als nicht verschiden vom participium, d. h. vom adjectiv, kennen, das pronomen als gesondertes wort vor sich; z. b. *uku-hla ku hle, ku ningi* food is nice and abundant, wörtlich food it nice, it many; eben so *uku-hla se ku vutive* the food ist just now ready (*se*, adverbium, just now; übrigens gibt es nur wenige adverbien, da sie durch verba ersezt werden; *vutive* ergibt sich seiner form nach als perfectum passivi eines so genanten verbs, dessen praesens *vuta* beifseu mufs, vgl. praesens *tanda*, perfectum *tandile* oder *tande*, passivum praes. *tand-u-a*, perfectum *tand-iw-e*).

Ferner ist für die natur des verbums nicht unwichtig, dafs unter anfügung von *-yo* jedes verbum als adjectivum gebraucht werden kann, z. b. *u-tyani obutambileyo* grass which is soft; *tambile* ist perfectum zu infinitiv *uku-tamba* to be soft; *u* ist die kürzeste form der gleich bedeutenden pronomina *ubu* und *bu*, *obu-tambileyo* steht für *a-ubu-tambileyo*, a ist relativum, so dafs diser satz wörtlich heifst 'das-gras welches-das-sanftgewordene'.

Hereró.

Das Hereró stimt in seinem baue wesentlich zum Zulu, mit dem es ja auch verwant ist. Auch hier treten die unterschide der tempora u. s. f. zum grösten teile am pronomen hervor, das auch hier als gesondertes wort geschriben wird und zwischen welches und das verbum andere elemente treten können. Hierdurch erhält das so genante verbum allerdings meist eigene, besondere pronominalformen, doch nicht durchweg. Das verbum selbst aber nimt keine abwandlung nach personen an. Wegen der änlichkeit diser sprache mit dem Zulu glauben wir nicht näher auf die selbe ein gehen zu müfsen, zumal die formen der Zulusprache meist altertümlicher zu sein scheinen, als die des Hereró.

Yoruba.

Das Yoruba ist in seinem grammatischen baue einfacher, als die beiden zulezt besprochenen sprachen. Weder von declination noch von conjugation in unserem sinne findet sich hier etwas. Lassen wir den verf. des oben genanten werkes selbst reden. S. 18, § 72: 'Of inflexion, properly so called, the language exhibits but faint traces'. S. 27, § 123: 'Through all the variations of person, number, mode, and tense, the Yoruba verbal root remains unchanged. § 124: Person and number are denoted by the form of the personal pronoun that represents the subject, as follows:

emi ri I sce or saw   *awa ri* we see or saw
iwo ri thou seest or sawest   *eñyiñ ri* ye see or saw
óñ*) ri he sees or saw   *nwoñ ri* they see or saw.

§ 125: The modes and tenses are indicated by auxiliary particles placed before the verb. —— § 126: There is but one conjugation, and no irregular verbs, in Yoruba; all verbs being varied in the same manner'.

So lautet z. b. der aorist perf. *emi ri* I see or saw; aorist imperf.

---

*) ñ bezeichnet den nasalen klang des vorhergehenden vocals, auch das gutturale n. Im originale steht ein anderes zeichen, das ich, um drukschwirigkeiten zu meiden, durch ñ ersezt habe.

emi riri I am or was seeing; past perf. *emi ti ri* I have or had seen, past imperf. *emi ti riri* or *ńti riri* I have or had been seeing; futur. *emi ó ri* or *á ri* I shall or will see u. s. f.; aorist optat. or potential *emi ma ri* I may or would see or am seeing u. s. f.; subjunctive forms z. b. aorist perf. *bi emi ba ri* if I see or saw; futur. *bi emi ó ba ri* if I shall or will see u. s. f. S. 39, § 173: 'Our Present Participle is represented 1. By a simple verb — — 2. By a verb with the prefix *ń*', das überhaupt öfters vor so genanten verben erscheint und warscheinlich rest des häufig gebrauchten demonstrativums *ni* ist, das zugleich als verbum substantivum und praeposition gilt (vgl. §§ 128. 136. 182 flg. 226). § 174: 'The Perfect Participle is represented much in the same manner as the present'. S. 43, § 195: 'Yoruba nouns are not varied in form to express gender, number, or case; or in other words, they exhibit no traces of inflexion'.

Überblicken wir das in disen aufszügen enthaltene, so stellen sich folgende puncte heraufs: 1. Der verbalstamm selbst nimt kein personenzeichen an, ein pronomen separatum deutet die person an, auf welche sich der stamm beziehen soll. 2. Die so genanten verba fungieren zugleich als participien. 3. Die nominalstämme haben kein casuszeichen.

Difs berechtigt uns zu der behauptung, dafs im Yoruba nomen und verbum nicht in einer dem Indogermanischen auch nur annähernd vergleichbaren weise geschiden ist.

Malayisch und Südseesprachen.

Es ist bekant, dafs das Malayische und die Südseesprachen in irem grammatischen baue bezüglich des aufsdruckes von casus- und personalbeziehungen wesentlich auf dem standpunct des Chinesischen und anderer isolierender sprachen stehen, von denen sie sich nur durch entwickelung zusammen geseczter wortstämme unterscheiden. Hier falt also stamm und wort zusammen, wie in den isolierenden sprachen wurzel, stamm und wort. Eine scheidung von nomen und verbum in der lautlichen form kann disem algemeinen character der sprache zu folge im ganzen ungeheuren gebiete der Malayischen und Südseesprachen nicht statt finden

In disem puncte stimt das urteil aller derjenigen überein, welche sich mit disen sprachen beschäftigt haben. Da mir auf disem gebiete genaueres eigenes studium ab gebt, sei es mir verstattet, einige urteile anderer über dise sprachen hier an zu füren.

Hören wir vor allem Wilhelm von Humboldt. Er sagt (Kawispr. CCLXXVII f.: 'Eine der natürlichsten und allgemeinsten Folgen der inneren Vorkennung, oder vielmehr der nicht vollen Anerkennung der Verbalfunction ist die Verdunkelung der Gränzen zwischen Nomen und Verbum. Dasselbe Wort kann als beide Redetheile gebraucht werden; jedes Nomen läfst sich zum Verbum stempeln; die Kennzeichen des Verbums modificiren mehr seinen Begriff, als sie seine Function characterisiren; die der Tempora und Modi begleiten das Verbum in eigener Selbstständigkeit und die Verbindung des Pronomens ist so lose, dafs man gezwungen wird, zwischen demselben und dem angeblichen Verbum, welches eher eine Nominalform mit Verbalbedeutung ist, das Verbum sein im Geiste zu ergänzen. Hieraus entsteht natürlich, dafs wahre Verbalbeziehungen zu Nominalbeziehungen hingezogen werden, und beide auf die mannigfaltigste Weise in einander übergeben. Alles hier Gesagte trifft vielleicht nirgends in so hohem Grade zusammen, als im Malayischen Sprachstamm, der auf der einen Seite, mit wenigen Ausnahmen, an Chinesischer Flexionslosigkeit leidet, und auf der andern nicht, wie die Chinesische Sprache, die grammatische Formung mit verschmähender Resignation zurückstöfst, sondern dieselbe sucht, einseitig erreicht, und in dieser Einseitigkeit wunderbar vervielfältigt. Von den Grammatikern als vollständige durch ganze Conjugationen durchgeführte Bildungen lassen sich deutlich als wahre Nominalformen nachweisen; und obgleich das Verbum keiner Sprache fehlen kann, so wandelt dennoch den, welcher den wahren Ausdruck dieses Redetheils sucht, in den Malayischen Sprachen gleichsam ein Gefühl seiner Abwesenheit an. Dies gilt nicht blofs von der Sprache auf Malacca, deren Bau überhaupt von noch gröfserer Einfachheit, als der der übrigen ist, sondern auch von der, in der Malayischen Weise sehr formenreichen Tagalischen'.

Buschmann (Kawispr. II, s. 79, § 11) sagt von den sprachen des malayischen stammes überhaupt: 'So wie das Nomen in diesen Sprachen der Declination ermangelt, ebenso fehlt, genau genommen, auch dem Verbum die Conjugation in ihnen. Partikeln und die persönlichen Pronomina deuten die Modi, Tempora und Personen an, bleiben in dieser Andeutung, bis auf äufserst wenige Ausnahmen, unverändert und unabgekürzt, verschmelzen daher nicht mit dem Grundwort, und fehlen endlich sehr häufig ganz'. S. 81: 'Dasselbe Wort dient in den Malayischen Sprachen, wie es freilich auch in den meisten andern bisweilen geschieht, zum Nomen und zum Verbum, ohne seine Gestalt im Geringsten weder durch Flexion, noch durch Affixa zu verändern'. II, 348 gibt Buschmann fürs Tagalische folgendes beispil: *sungmusulat siyá* schreibt er, *ang sungmusulat* der schreibende; *sa susulat* für den der schreiben wird, *susulat siyá* schreiben wird er. Die worte, welche eine form als so genantes verbum erkennen lasen, werden ausdrüklich (II, 347, § 36) als 'abgesonderte Wörter' bezeichnet.

Hierzu stimt genau A. A. E. Schleiermacher, de l'influence de l'écriture sur le langage etc. suivi de grammaires Barmane et Malaio etc., Darmstadt 1836, p. 446, grammaire Malaie § 31: 'La plupart des mots malais primitifs sont de deux syllabes. Beaucoup de ces mots appartiennent en même temps à plusieurs parties du discours, et on peut les employer dans l'état primitif comme verbes, noms, adverbes, prépositions, conjonctions ou interjections, si la connexion du discours rend suffisamment clair le sens dans lequel ils sont pris'. Ferner s. 448, § 34: 'Les mots ne prennent point d'inflexions'.

Von den Südseesprachen sagt Buschmann (Kawispr. III, s. 842, § 52): 'Die Südseesprachen haben die Ununterschiedenheit der Redetheile mit den westlichen gemein; dasselbe Wort kann die Eigenschaft eines Subst., Adject., Verbums u. s. w. in sich vereinigen; der Vorsatz des Artikels macht es zum Subst., der einer Verbal-Partikel zum Verbum, und die Nachstellung nach einem Hauptworte zum Adj.'.

Nach Hardeland (Versuch einer Grammatik der Dajackschen Sprache [auf Borneo], Amsterdam 1858) sagt Steinthal (Characteristik der hauptsächlichsten Typen des Sprachbaues, Berlin 1860, s. 157): 'Zunächst zeigt sich auch im Polynesischen Mangel an Unterscheidung der Redetheile. Substantivum, Adjectivum, Verbum, Präposition kann in derselben Form liegen'. Von den so genanten verbalpraefixen heißt es hier (s. 160): 'Am wenigsten läßt sich sagen, daß jene Präfixe Verba bildeten. Denn da sie nicht persönlich flectirt werden, sondern durchaus unverändert bleiben, so könnte man sie nur als Participia, genauer genommen, nur als transitive oder intransitive Adjectiva ansehen'. Ferner (s. 171): 'Das Verbum hat weder Personal-, noch Temporal-, noch Modal-Flexion'.

Disen übereinstimmenden urteilen wird man um so mer vollen glauben schenken, als in den an geführten werken beispile aufs den sprachen selbst zur bestätigung dos oben gesagten zu finden sind. Nur von zwei der zalreichen hierher gehörigen sprachen ligen mir grammatische bearbeitungen vor. Dise zwei sprachen will ich im folgenden noch besprechen, um das vorstehende näher zu begründen und anschaulicher zu machen.

Favorlang (Formosa).

Über das Favorlang auf Formosa habe ich vor mir die arbeit von H. C. von der Gabelentz (Ueber die formosanische Spruche und ihre Stellung im malaiischen Sprachstamm, Leipzig 1858). Dise sprache ist, wie der genante forscher schlagend dar tut, in irem grammatischen baue mit den sprachen der Philippinischen Inseln (Tagalisch, Bisayisch, Pampangisch u. s. f.) zunächst verwant. Das Favorlang verhält sich in dem uns hier beschäftigenden puncte natürlich eben so wie das Tagalische (s. o.). Einige aufszüge mögen hier platz finden.

Das nomen hat einen bestimten artikel *a*, *ja*, für nomina propria *ta*; *o*, in gewissen fällen *no*, bezeichnet besonders den genitiv und accusativ (§ 15). Es gibt keine casusbezeichnung aufser durch praepositionen (§ 16). Der plural ist dem singular gleich, oder er wird durch reduplication aufs gedrükt. Die nabe verwantschaft der adjectiva und der so genanten verba ligt klar zu tage (§§ 18—20); *bao a idac* (*bao* jung, neu; *a* artikel) heifst sowol 'das neue des mondes' als 'der mond ist neu'.

Die persönlichen pronomina sind *ina* ich, *jo* du, *icho* er, *ja* (vgl. den artikel) es. Dise formen gelten zugleich für die obliquen casus; z. b. (s. 29) *ina papagcha jo* ich werde-schlagen dich; *papagcha* ist der durch reduplication (§ 31) gebildete futurstamm one bezeichnung von person und numerus.

Die so genanten verbalformen, die, wie das oben an geführte beispil zeigt, keinen aufsdruck für die personalbeziehung besitzen, drücken die tempusbeziehung durch gewisse praefixe oder infixe oder durch reduplication oder auch gar nicht aufs (vgl. oben *bao* 'neu' und 'er ist neu'). So wird z. b. behufs der bildung des praesens activi nach dem an lautenden consonanten, zu denen auch der spiritus lenis (d. h. der mit der aufssprache eines an lautenden vocals verbundene explosivlaut) zu rechnen ist,*) das infix -*umm*- gesezt; z. b. *chachcha* lauge, *ch-ummachcha* ich wasche mit lauge; '-*umm*-*achol* ich lege bei seite von '*achol* u. s. f. Ein geschobenes -*in*- bezeichnet das praeteritum (§ 30, reduplication des anlautes der praesensform mit *a* das futurum (auch in disem falle gilt der spiritus lenis als consonant); z. b. *cha-ch-umm-achcha* ich (du, er) werde mit lauge waschen, 'a-'-*umm-achol* ich werde bei seite legen u. s. f. *Ma* bildet verba neutra (§§ 32. 33); z. b. *bachas* trockenheit, davon *ma-bachas*, praeterit. *m-in-a* *bachas* (infix im praefix), futur. *ma-ma-bachas*; *pa* bildet causativa (§§ 34—36), z. b. praes. *pa-'achol* bei seite legen lafsen (vgl. oben '*umm-achol*), praeterit. *p-in-a-'achol*, futur. *pa-pa-'achol* (hierher gehört auch das oben an gefürte *pa-pagcha* ich werde schlagen) u. s. f. Die bildung der aufserst merkwürdigen passivstämme übergehen wir hier, etwas specifisch verbales ist inen keinesweges eigen.

Neuseeländisch.

Über das Neuseeländische steht mir nur zu gebote der kurze 'Abriss der Neuseeländischen Grammatik u. s. f. nach dem englischen Original von Mr. Norris übersetzt von A. Hoefer (in dessen Zeitschrift für die Wissenschaft der Sprache I, s. 187—202, nebst Sprachproben 1, 202—206 und III, 301—309.

In diser sprache sind die grammatischen beziehungsformen fast nur in den pronominibus und in den partikeln entwickelt. Warend so genante nomina und verba keiner abänderung nach zal, casus, modus und person unterworfen sind, werden beim pronomen die zalunterschide bezeichnet. Das persönliche pronomen lautet:

Singular.		Dual.	Plural.
I. *hau*, nach andern *au*, auch *ahau* (I, 196. III, 303)	nach gewissen partikeln *ku*	*maua* ich und ein anderer (I+III)	*matou* = I sing. + III plur.
		taua ich u. du (I+II)	*tatou* = I sing. + II plur.
II. *koe*	*u*	*korua*	*kotou*
III. *ia*		*na*	*raua*	*ratou*

Deutlich ist in einigen fällen der beziehungsunterschid von singular und plural als ein bedeutungsunterschid gefafst, d. h. singular und

---
*) Der Herr Verf. fafst difs etwas anders; vgl. §§ 29. 31.

plural sind wurzelhaft verschiden, sind zwei verschidene worte, nicht durch grammatische abänderung eines und des selben stammes gesondert (also nicht wie *equus, equa*, sondern wie pferd, stute). Difs ist der fall bei *te* bestimter artikel im singular, *nga* bestimter artikel im plural (warscheinlich auch bei *na, raua; hau, matou* s. o.). Unbestimter artikel ist *he*. Aufserdem gibt es noch demonstrativa.

Die so genanten nomina sind, nach den sprachproben zu urteilen, daran kentlich, dafs ein artikel, ein demonstrativum, oder ein possessivum (*to-ku* oder *ta-ku* mein; *ta-u* oder *ta-u* dein; *to-na* oder *ta-na* sein, ir; dual *to-maua* oder *ta-maua* u. s. f; plur. *a-ku* oder *o-ku*; *a-u* oder *a-u*; *a-na* oder *o-na*, ställs mit *a, a* anstatt *ta, to* des singulars) vor inen steht. Die so genanten verba, ebenfals unveränderlich nach zal und person, kent man an den sie begleitenden partikeln. Die personen werden nur durch die, wie es scheint, ställs nach gesezten selbständigen pronomina aufs gedrukt. Als verbalformen werden (s. 198) zusammen gestelt:

Activ	Passiv
ka tanga neme, nam*)	*ka tanga-hia*
tango ana neme, nam	*tango-hia ano* (= *ana*)
e tango wird nemen	*e tango-hia*
e tanga ana nemend; ist, war nemend	*e tango-hia ana*
kua tanga hat genommen	*kua tango-hia*
ka tanga ai wird nemen	*ka tango-hia ai*
kia tanga ai dafs (er) neme	*kia tango-hia ai*
kia tanga zu nemen	*kia tanga-hia*
tango-hia nim	
kaua e tanga nim nicht.	

Mittels zusatz der partikeln kann fast jedes wort verbal gebraucht werden (I, s. 200, § 35).

Und nun noch einige beispile aufs den sprachproben, aufs gewält von mir, um an inen die in diser sprache nicht volzogene scheidung von nomen und verbum auf zu zeigen. *ko nga mea whaka-pono* (III, s. 303); *ko* demonstrative partikel; *nga* bestimter artikel im plural; *mea* ding, dinge; *whaka-pono* glauben; *whaka* (andere schreibung *waka*) bil-

---

*) Eigentlich nicht zu übersetzen, da im Neuseeländischen die person nicht bezeichnet ist.

der causativa; *pono* warheit; der satz bedeutet also: die dinge des glaubens; *mea whaka-pono* 'dinge des glaubens' hat nicht die sonst gebräuchliche genitiv-partikel *a* oder *o* (z. b. in *ko nga ture a te Atua* die gebote des gottes s. 302: *te wahine* frau; *a to-u* (dein, s. o.) *hoa* die frau deines nächsten s. 303 und aufserdem ser oft). Hier haben wir also *whaka-pono* als nomen zu fafsen. Als verbum erscheint dasselbe wort dagegen in folgendem satze: *e whaka-pono ana ahau* (ich) *ki* (zu, an) *te Atua* ich glaube an gott; hier sind *e — ana* so genante verbalpartikeln (s. o. die zusammenstellung der verbalformen). Die selbe verbindung *e — ana* gilt aber auch als participium, z. h. Luc. I, 11 (s. 204) *a ka kite-a e ia te anahera o te Ariki e tu ana ki matau o te ata o te mea kakara*; *a* und; *ka* verbalpartikel; *kite-a* geschen, passivum zu *kite* sehen; *e* bei; *ia* pron. der III. sing.; *te* sing. des bestimten artikels; *anahera* = engl. angel; *o* oder *a* genitivpartikel; *Ariki* Lord; *e tu ana* stehend, also *tu* stehen; *ki* bei, zu u. s. f., wörtlich also: and was seen by him the angel of the Lord standing to right of the altar of the thing sweet-scented, ὤφϑη δέ (αὐτῷ) ἄγγελος κυρίου, ἑστὼς ἐκ δεξιῶν τοῦ ϑυσιαστηρίου τοῦ ϑυμιάματος. III, 304: *e hara ana* die sich vergehen (gegen uns), ebenfals participial. Man beachte auch wendungen wie Luc. I, 20: *no te mea kahore koe i waka-pono ki aku kupu; no* von; *te* artikel; *mea* ding; *kahore*, negation, nicht; *koe* du; *i* 'in, to, at, from, whilst, than, und stebt vor den Verbis, wenn kein Nominativ da ist oder wenn ein solcher vorausgeht' I, 201; *waka-pono*, s. o., glauben; *ki* bei, zu; *aku* possessivum der I. pers. plur.; *kupu* wort, also: from the cause not thou in believing to my words, ἀνϑ' ὧν οὐκ ἐπίστευσας τοῖς λόγοις μου.

Das adjectivum steht one weitere bezeichnung nach dem substantivum z. b. *nga mea katoa* the things all, Luc. I, 3 (I, s. 203); *Tiopira te tangata pai rava* Theophilus the man good very, ibid.; *te mea kakara* the thing sweet-scented (I, 204); *te mea waka-haurangi* the thing cause-drunkenness, d. i. σίκερα, Luc. I, 15; *te wairua tapu* the spirit holy u. s. f.

Ein verbum substantivum scheint es nicht zu geben, z. b. III, 302: *ko Ihowa ahau ko-tou Atua*; *ko* demonstrativ, eine art stärkeren artikels; *ahau* ich; *to-u* possessivum II. sing.; Jehovah ich (bin) der dein gott. Eben so an andern stellen.

Wenn also auch, so weit meine auf einigen wenigen lesestücken beruhende ser beschränkte einsicht in dise sprache es erkennen läfst, im Maori in der regel zu bemerken ist, ob man ein wort als nomen oder als verbum übersetzen soll, so siht man dennoch, dafs namentlich das, was wir participium nennen, vom verbum finitum nicht geschieden ist und dafs ferner nur das als ganz selbständiges wort bei gesezte pronomen dem die stelle des verbum vertretenden worte die beziehung auf eine bestimte person verleibt. Eine wirkliche scheidung von verbum und nomen ist in diser ser einfachen, so zu sagen kindlichen sprache nicht vorhanden. Rechnet man partikeln, artikel, pronomina als völlig getrente worte — und nichts spricht für das gegenteil — so sind nomina und verba im Neuseeländischen unveränderlich in irer form und völlig einander gleich.

Melanesische Sprachen.

Kentnis der melanesischen sprachen (sprachen der schwarzen rasse der inselwelt), soweit die bisherigen fast nur in übersetzungen von religionsschriften u. dergl. bestehenden hilfsmittel eine solche verstatten, verdanken wir Herrn H. C. von der Gabelentz (Die melanesischen Sprachen nach ihrem grammatischen Bau und ihrer Verwandtschaft unter sich und mit den malaiisch-polynesischen Sprachen untersucht von H. C. von der Gabelentz. Aus dem VIII. Bande der Abhandl. der Königl. Sächsischen Gesellsch. der Wissensch., Leipzig 1860).

Im algemeinen stehen dise sprachen den polynesischen ser nahe (§ 533, s. 266). 'Die Substantiva haben in den meisten melanesischen Sprachen einen Artikel, der verschieden ist, je nachdem er vor einem nom. propr. oder vor einem nom. comm. steht' (§ 515, s. 255). 'Die Bezeichnung der casus erfolgt in den melanesischen Sprachen, wie in den polynesischen, durch vorgesetzte Partikeln' (§ 516, s. 256). Auch im Melanesischen ist das pronomen besonders reich entwickelt. 'Das Verbum ist wie das Nomen in allen melanesischen Sprachen flexionslos und hat meistens nur sehr unvollkommene Mittel Tempus und Modus anszudrücken' (§ 526, s. 262). Eine scheidung von nomen und verbum ist also in den melanesischen sprachen eben so wenig vorhanden, als in den inen nahe stehenden polynesischen.

Als belege zu dem gesagten mögen einige formen aufs disen sprachen hier eine stelle finden.

Fidschi.

Von den melanesischen sprachen steht die Fidschisprache den polynesischen sprachen am nächsten, sie bildet 'gewissermassen den Uebergang von den polynesischen zu den melanesischen Sprachen' (§ 9, s. 9).

Hier lautet der artikel, der, wenige fälle, die villeicht als eine art zusammensetzung zu fafsen sind, aufs genommen, (§ 36) vor den nominibus steht, *ko, o* für nomina propr., für andere substantiva *na, a* (§ 34); *o, a* sind als verflüchtigungen von *ko, na* zu betrachten. Nur durch den artikel wird das nomen als solches kentlich, nur durch das pronomen und die verbalpartikeln, die noch dazu teilweise in gewissen fällen felen können (§ 61, s. 39), das verbum. Ab gesehen von disen, durchweg als selbstandige worte geltenden elementen, ist kein unterschied zwischen nomen und verbum vorhanden. Z. b. *a lako* das gehen, *a tiko* der sitz (§ 22, s. 20; § 51, s. 36, aber §§ 46. 47, s. 31) praesens *au sa lako* ich gehe (au ich, vgl. das Neuseeland.; *sa* praesenspartikel), *o sa lako* du gehst, *sa lako* oder *e lako* (auch *e* ist praesenspartikel, wenn kein pronomen vorher geht) er geht. Wir haben also anch hier, wie so oft, die dritte person one personalbezeichnung (vgl. § 81, s. 46); *keirau sa lako* wir beide (den an geredeten aufs geschlofsen) gehen, *kedaru sa lako* wir beide (den an geredeten mit ein geschlofsen) gehen, und so fort mit allen funfzehn pronominalformen (singular, dual, trial, plural; inclusiv den an geredeten und exclusiv; I. II. III. person). Praeteritum *kau a lako* (*kau* eine andere form für *au* ich, vgl. neuseeland. *ku; a* zeichen des praeteritum) ich bin gegangen u. s. f.; futurum *au na lako* ich werde gehen; conjunct. *meu* (*me* dafs) *lako* dafs ich gebe, *me lako* dafs er gehe (aber auch 'zu gehn' infinit.); imperat. *lako, mo lako* geh.

Ein eigentliches verbum substantivum felt im Fidschi (§ 65, s. 40); 'die blosse Copula liegt in den Verbalpartikeln, die auch mit Nomen, Pronomen oder Adverbium verbunden zum Ausdruck derselben dienen', d. h. doch wohl nichts anderes, als dafs jedes wort gewissermafsen zum verbum wird, wenn im eine verbalpartikel zur seite tritt, so wie wir das verbum zum nomen werden sahen, wenn im der artikel vor gesezt wird; z. b. *sa lekaleka na* (artikel) *noda* (unsere) *gauna es* (ist) kurz unsere zeit.

Annatom und andre Neu-Hebridische Sprachen.

Die sprache der insel Annatom, der südlichsten der Neu-Hebriden (§ 123, s. 65), deren bau der verf. nach einer übersetzung des Lucas vor legt, zeigt die bereits bekanten erscheinungen.

Der bestimte artikel, in- vor consonanten, n- vor vocalen, wird praefigiert; er allein reicht aufs, um ein verbum zum substantivum zu machen (§ 144, s. 88), doch steht er nicht stäts am nomen (§ 165, s. 100 f.). Überhaupt sind substantiva, adjectiva, verba, adverbia nicht in irer form verschiden (§ 146, s. 89). Auch hier findet sich eine reiche entwickelung des pronomens (§ 148, s. 90). Beim verbum, das an sich unveränderlich ist, werden die beziehungen der person und des numerus durch die pronomina, die temporalen und modalen beziehungen aber durch elemente, die ans pronomen treten, aufs gedrükt (§ 155, s. 93), z. b. *ek* (praesensform des pronomens der I. sing., für sich *ainyak* lautend) *asaig* ich sage; *et asaig* er sagt (*aien* er); *eru asaig* sie zwei sagen (*arau* sie zwei); *era asaig* sie (plur.) sagen (*ara* sie) u. s. f. Im praeterit. imperf. lauten dise personen I. *ekis asaig* ich sagte; III. sing. *is asaig*; III. dual. *erus asaig*; III. plur. *eris asaig* u. s. f.; praeterit. perfectum *ek mun asaig* ich habe gesagt u. s. f.; futurum *ekpu asaig* ich werde sagen u. s. f. *Asaig* kann auch one pronomen imperativ sein (§ 165). Auch hier gibt es kein verbum 'sein' (§ 173, s. 106).

Die übrigen neu-hebridischen sprachen bieten wesentlich das selbe bild (das § 237 aufs einer handschriftlichen grammatik über das verbum des Erromango mit geteilte lautet auf fallend.. Ja sogar es findet sich in der sprache von Erromango 'das Verbum in seiner einfachen Gestalt und ohne weitern Zusatz als Praesens, Praeteritum, Futurum, Participium, Imperativ und Infinitiv gebraucht' (§ 238, s. 140), z. b. *neni* er ifst, er afs, ifs; *nemettet* sie fürchteten sich, fürchte dich u. s. f. Im Tana felt sogar ein eigentlicher artikel (§ 258, s. 150), der doch in disen sprachen meist das nomen als solches zu bezeichnen pflegt

Duauru.

Die Duaurusprache auf Baladea oder Neu-Caledonia § 400, s. 214 flg.) steht so zimlich auf dem standpuncte völliger nichtunterscheidung der redeteile, denn sie hat keinen artikel (§ 412, s. 222), die nomina haben auch sonst keine für sie characteristische form (§ 410,

s. 222) und dem verbum felen auch fast alle partikeln (§ 421, s. 225), doch bezeichnet hier das vor gesezte pronomen personale die person; z. b. *inggo* (ich) *re ich gehe*, ich gieng, ich werde gehen; *inggu* (oder *nggu*, *ngo* du) *re* du gehst, giengst u. s. f., auch 'geh' imperat.

Bauro.

Bis auf das vorhandensein eines artikels steht die sprache der insel Bauro, eine der Salomonsinseln (§ 447 flgg.), auf der selben stufe wie das Duauru.

Hier sind wir bereits bei sprachen an gelangt, die sich, was den lautlichen aufsdruck der beziehung betrift, durchaus nicht wesentlich von den im folgenden zu erwähnenden sprachen Ostasiens unterscheiden. Von disen sind mir folgende mer oder minder bekant.

Bodo.

Kentnis der grammatischen bildung der Bodo und Dhimál, zweier sprachen, die Max Müller (Letter to Chevalier Bunsen on the classification of the Turanian languages by Max Müller, M. A., p. 109 flg.) zu den Lohitic Dialects der Bhotiya Class (deren hauptrepräsentant das Tibetische ist) rechnet und die demnach im Brahmaputra- (Lohita-) gebiete (Assam u. s. f.) gesprochen werden, verdanken wir Hrn. Hodgson (Essay the First: on the Kocch, Bódo and Dhimál Tribes in three parts etc. By B. H. Hodgson, Esq. B. C. S. Calcutta: printed by J. Thomas, Baptist Mission Press 1847, mit zalreichen handschriftlichen nachträgen und berichtigungen vom hrn. verf.).[*]

Im Bodo findet die declination mittels nach gesezter clemente statt. Z. b. *hwá a* man; *hirá ni* of a man; *hirá lago* with a man u. s. f. Plu-

---

[*] Leider ist es mir zur zeit nicht möglich, mich in die verwickelten grammatiken des Váyu und des Báhing (eines dialectes des Kiránti) ein zu studieren, welche, nach den mir vom verf. gütigst mit geteilten zimlich umfangreichen und von im selbst aufs sorgfältigste handschriftlich verbefsorten abzügen zu schliefsen, in dem Journal of the Asiatic Society of Bengal, warscheinlich vom Jare 1858, s. 1—262 (corr. 270) stehen. Die Váyu (s. 249, corr. 257) 'vulgarly called Hayus, inhabit the central Himalaya. — They are subjects of Nepal'. Das selbe gilt von den Kiranti oder Kiráti, zu denen die Báhing gehören. Hoffentlich kann ich künftig einmal in form eines nachtrags zu diser onehin ser lückenhaften skizze das jezt versäumte nach holen.

ralis eben so, nur mit dem pluralzeichen vor der postposition, also: *hiwá phúr, hiwá phúr ni, hiwá phúr lago* u. s. f.

Die pronomina personalia sind: I. sing. *áng* I, genit. *ang ni*, instrum. (oder comitativ) *ang lago* u. s. f.; I. Plur. *jong we, jong ni, jong lago* u. s. f.

II. sing. *nang* thou; II. plur. *nang chúr* ye.

III. sing. *bi* he, she, it; plur. *bi chúr* they; übrigens ganz wie bei den andern nominibus.

So genantes verbum. Z. b. *tháng* go; praesens: sing. I. *áng tháng-ó*, II. *nang tháug-ó*, III. *bi tháug-ó*. Plur. I. *jong tháng-ó*, II. *nang chúr tháng-ó*, III. *bi chúr tháng-ó*.

Eben so praeteritum: *áng, nang, bi* u. s. f. *thúng-á* oder *tháng bai*; futurum *áng, nang* u. s. f., *tháng nai* u. s. f. Das selbständige getrente pronomen personale ist also allein für sich stehend aufsdruck des subjects beim so genanten verbum; es braucht jedoch nicht unmittelbar an lezterem zu stehen, z. b. *áng phá-rou tháng-nai*, wörtlich ich dorf-zu geben-werden, I shall go to the village.

Dhimál.

Das Dhimál zeigt wesentlich den selben sprachcharacter wie das Bodo. Die gedrängte darlegung des selben genügt auch hier als beantwortung der uns beschäftigenden frage.

Nomen. Z. b. *wával* a man; *wával ko* of a man; *wával éng* to a man; *wával dosa* with a man u. s. f. Plural: *wával galai* men; *wával galai ko, wával galai éng* u. s. f.

Pronomina. I. sing. *ká* I, aber *káng ko* of me; *káng dosa* with me, *kéng* (warscheinlich aufs *ká éng zusammen gezogen) to me, me u. s. f.; I. Plur. *kyél* we; aber *king ko* of us; *king óng* to us; *king dosa* with us.

II. sing. *ná* thou; aber genit. *náng ko*; dat. und accus. *néng* (wol auch hier, wie bei I, aufs *ná éng) u. s. f.; II. plur. *nyél*; genit. *ning ko*; dat. accus. *ning éng* u. s. f.

III. sing. *wá* he, she, it; genit. *ó-kó, wáng-kó*; dat. acc. *wéng* (wol wie bei I. und II. zu erklären); instrum. (od. comitativ) *wang dosa* u. s. f.; III. plur. *úbal* they, *úbal ko, úbal éng* u. s. f.

Verbum (so genantes). Hier spilen die 'auxiliaries' eine rolle, deren es merere gibt (*khi, nhi, hi, áng*); sie treten zu andern wurzeln hinzu, um das tempus an zu deuten (vgl. die Bántuspracben Africas, z. b.

das praesens des Zulu). Das pronomen steht in den I. und II. personen zwei mal, in den III. nur ein mal. Z. b.

Singular.
I. *ká hadé* (geben) *khi* (auxiliare) -*ká* I go
II. *ná hadé khi-ná* thou goest
III. *wá hadé khi* he goes.

Plural.
I. *kyél hadé khi kyél* we go
II. *nyél hadé khi nyél* ye go
III. *úbal hadé khi* they go.

Ebeu so *ká hadé hi-ká* I went; *ká hadé áng ká* I will go u. s. f.; *hadé* II. imper. go!

Auch hier ergeben die sprachproben, dafs das pronomen keinesweges an die das verbum vertretenden wurzeln und stamme gebunden ist, auch braucht es nicht stäts in den I. und II. personen doppelt zu stehen, z. b. (s. 128): *ká dérata hadé-áng* I to-the-village shall-go.

Tibetisch.

Im Tibetischen gibt es ebenfals keine personalendungen; nominalformen und verbalformen sind hier nicht geschiden. J. J. Schmidt (Grammatik der Tibetischen Sprache, St. Petersburg 1839, § 115) sagt: 'In keinem Tempus eines Verbi gibt es eine Endung oder sonst ein Zeichen, das auf den Unterschied der Personen bindeutete; diese müfsen aus dem vorhergehenden Nomen, Pronomen oder aus dem Zusammenhange überhaupt erkannt werden. Das Tibetische Verbum und dessen Conjugation basirt sich übrigens auf eine Anzahl unpersönlicher und daher unbestimmter Ausdrücke und Redeformen, welche durch die Participia Praesentis, Praeteriti und Futuri gebildet werden'.

Kassia.

Im Kassia (H. C. von der Gabelentz, Grammatik und Wörterbuch der Kassia-Sprache, Leipzig 1858, aus den Berichten über die Verhandlungen der Königl. Sächsischen Gesellschaft der Wissenschaften) scheidet nur der vor das nomen tretende artikel dises vom verbum. Lezteres ist durch das vor gesezte pronomen und andere elemente kentlich. Der imperativ enträt des pronomens, z. b. *shim, bám* nemet, efset; dise formen können auch iufinitive sein. Der stamm selbst, oder vilmer die einzelnen wurzeln, die hier, wie im Chinesischen, durchaufs unveränderlich sind, kennen eben so wenig unterschide in der form, wie im Chinesischen; z. b. *mon* wollen, wille; *lih* weifs, weifs sein. Nur durch andere, ebenfals selbständige wurzeln (worte) wird eine nähere bestimmung der beziehung ermöglicht. Indes ist nicht in abrede zu stellen, dafs auf disem wege im Kassia, bis auf wenige bestimte fälle, eine scheidung der als nomina fungierenden wurzeln von den als verba geltenden vorhanden ist. Nur ist natürlich dise scheidung nicht, wie im Indogermanischen, mittels wirklicher wortbildung erreicht, da es eine solche in sprachen dises baues überhaupt nicht gibt.

Chinesisch.

Das Chinesische besteht bekantlich aufs lauter unveränderlichen wurzeln, die als worte jeder art fungieren. Stellung u. s. w. leren, ob wir eine wurzel mittels eines verbums, eines nomens oder eines adverbiums in unseren sprachen wider zu geben haben.

Annamitisch, Siamesisch, Barmanisch.

Vom Annamitischen und Siamesischen, die villeicht mit dem Chinesischen stamverwant sind, gilt das selbe wie vom Chinesischen, so weit ich mich diser sprachen von früheren studien her erinnere; gegenwärtig sind mir keine hilfsmittel für die selben zur hand. Vgl. Schott (chinesische Sprachlehre, Berlin 1857, s. 1): 'Die sprachen von Annam (An-nan) und Siam könnten ihrem character nach wahre schwestern des Chinesischen sein'. Übrigens ist nach Schott das Annamitische dem Chinesischen stamfremd (Schott, zur Beurtheilung der annamitischen Schrift und Sprache; Abhandl. der Königl. Akad. der Wissensch. zu Berlin, 1855, II, s. 116: 'aber bald überzeugen wir uns von der unmöglichkeit, eine nähere oder auch nur entferntere verwantschaft beider sprachen [des Annamitischen und des Chinesischen] nachzuweisen)'. Auch im Barmanischen findet keine bezeichnung der person beim so genanten verbum statt.*) Vgl. jedoch die zusammenstellung

---

*) Durch die güte meines gelerten freundes Prof. Dr. Rost in Canterbury lernte ich Dormer Augustus Chase Anglo-Burmese Hand-book or a guide to a practical knowledge of the Burmese Language, Maulmein 1862, klein 4°, kennen. Die in merfacher beziehung merkwürdige Barmanische sprache hat, wie das Chinesische, die morpho-

chinesischer, barmanischer, siamesischer und tibetischer worte bei Max Müller, Classification of the Turanian languages. p. 134 flg.; über die verwantschaft von Barmanisch und Tibetisch s. Schiefner, tibetische Studien. St. Petersburg 1851, s. 20.

Namaqua.

Im Namaqua, einem dialecte des Hottentottischen, dessen kentnis Wallmanns Formenlehre der Namaquasprache, Berlin 1857, ermöglicht hat, gibt es keine conjugation. Entweder bleibt die wurzel ganz unverändert und die person völlig unbezeichnet, oder sie nimt ein personalsuffix an, gerade so, wie difs bei den die andern redeteile ersetzenden wurzeln und wurzelverbindungen auch geschiht; z. b. *ti-ta* (ego) *ma* (dare) ich gebe, oder auch, in gleicher function, *ma-ta*, das also völlig so gebildet ist, wie jenes *ti-ta*. Das eine übersetzen wir als verbum (do), das andere als nomen (ego). Ein gegensatz von nomen und verbum findet also nicht statt.*)

---

logischen formen *R* (auch *R+R*, *R+r* (aer häufig) und *r+R* (*a* und *ta*, verschidener function, treten nicht selten vor die hauptwurzel, desgleichen die negation *mu*). Auch im Barmanischen finden sich ansätze zur flexion (Chase § 65, s. 39), indem intransitiva durch aspiration des anlautenden consonanten zu transitiven werden, z. b. *lut* to be free, aber *hlut* to release; *tot* to be torn, aber *htot* to tear, rend. Auch findet sich zusammenziehung zweier elemente in eines, z. b. (§ 70, s. 43) '*lejm* [ᴛ bezeichnet den light accent] future affix; from *lay* an euphonic and *ṁ* [ñ bezeichnet ein aufs lautendes *m*; § 9, s. 6]; *hlyay*, combined with *ṁ* becomes *hlyeim*' (§ 90, s. 51).

*) Leider felen für die, nach allem was darüber bekant ward, nicht nur in phonetischer beziehung höchst interessante sprache der so genanten Bosjesmans oder Buschmänner grammatische bearbeitungen oder sonst brauchbare hilfsmittel. Vgl. W. Bleek, the Library of his Excell. Sir George Grey, Philology I, 1, Lond. u. Leipz. 1858, s. 32. Hoffentlich findet mein vererter ehemaliger Bonner zuhörer in Capstadt mittel und wege, hier licht zu schaffen.

Alphabetisches Register
der in der vorstehenden abhandlung in betracht gezogenen sprachen.

	Seite		Seite
Abchasisch	558	Jakutisch	510
Aegyptisch s. Koptisch.		Jenisseisch (Jenissei-Ostjakisch)	380
Africanische sprachen, a. Südafricanisch, Bántusprachen, Koptisch und Namaqua.		Kassia	581
		Koptisch	320
		Magyarisch	515
Americanische sprachen	562	Malayisch	372
Annamitisch	585	Mandschu	517
Annatom	581	Maori, s. Neuseeländisch.	
Arabisch s. Semitisch.		Melanesische sprachen	579
Awarisch	553	Mexicanisch	568
Bántusprachen	568	Mongolisch, a. Burjätisch.	
Barmanisch	585	Namaqua	586
Baskisch	561	Neu-Caledonia, s. Duauru.	
Bauro	582	Neu-Hebriden	581
Bodo	582	Neuseeländisch	576
Burjätisch	515	Ostjakisch	531
Chinesisch	585	Salomonsinseln, s. Bauro.	
Cree	562	Samojedisch	536
Dakota	586	Semitisch	511
Dhimál	583	Siamesisch	585
Drawidisch s. Tamulisch.		Südafricanisch	568
Duauru	581	Südseesprachen	572
Erromango	581	Tana	581
Formosa (Favorlang)	575	Tamulisch	548
Pidschi	580	Thusch	552
Finnisch	522	Tibetisch	544
Georgisch	556	Tscherokesisch	563
Grönländisch	567	Tschetschenzisch	552
Hebräisch, s. Semitisch.		Tungusisch	514
Hereró	571	Türkisch, s. Jakutisch.	
Hottentottisch, s. Namaqua.		Udisch	554
Indianersprachen Nordsmericas	562	Yoruba	571
Indogermanisch	506	Zulu	569